Migrationsprojekte

Praxistipps IT

Migrations-
projekte

Durchführung und Prüfung am Beispiel
der Umstellung auf SAP S/4HANA®

Ingo Kreutz / Jessica Nagel

IDW VERLAG GMBH

Das Thema Nachhaltigkeit liegt uns am Herzen:

Das Werk einschließlich aller seiner Teile ist urheberrechtlich geschützt. Jede Verwertung außerhalb der engen Grenzen des Urheberrechtsgesetzes ist ohne vorherige schriftliche Einwilligung des Verlages unzulässig und strafbar. Dies gilt insbesondere für Vervielfältigungen, Übersetzungen, Mikroverfilmungen und die Einspeicherung und Verbreitung in elektronischen Systemen. Es wird darauf hingewiesen, dass im Werk verwendete Markennamen und Produktbezeichnungen dem marken-, kennzeichen- oder urheberrechtlichen Schutz unterliegen.

© 2020 IDW Verlag GmbH, Tersteegenstraße 14, 40474 Düsseldorf

Die IDW Verlag GmbH ist ein Unternehmen des Instituts der Wirtschaftsprüfer in Deutschland e. V. (IDW).

Satz: Reemers Publishing Services GmbH, Krefeld
Druck und Bindung: C.H.Beck, Nördlingen
KN 11909/0/0

Die Angaben in diesem Werk wurden sorgfältig erstellt und entsprechen dem Wissensstand bei Redaktionsschluss. Da Hinweise und Fakten jedoch dem Wandel der Rechtsprechung und der Gesetzgebung unterliegen, kann für die Richtigkeit und Vollständigkeit der Angaben in diesem Werk keine Haftung übernommen werden. Gleichfalls werden die in diesem Werk abgedruckten Texte und Abbildungen einer üblichen Kontrolle unterzogen; das Auftreten von Druckfehlern kann jedoch gleichwohl nicht völlig ausgeschlossen werden, so dass für aufgrund von Druckfehlern fehlerhafte Texte und Abbildungen ebenfalls keine Haftung übernommen werden kann.

ISBN 978-3-8021-2495-2

Bibliografische Information der Deutschen Bibliothek
Die Deutsche Bibliothek verzeichnet diese Publikation in der Deutschen Nationalbibliografie; detaillierte bibliografische Daten sind im Internet über http://www.d-nb.de abrufbar.

Coverfoto: www.istock.com/Panuwat Sikham

www.idw-verlag.de

Inhaltsverzeichnis

1	**Einleitung**	**7**
1.1	Die Idee hinter dem Buch	7
1.2	Zum Aufbau des Buches	9
2	**Theoretische Grundlagen**	**11**
2.1	Migrationen	11
2.2	Quellsystem SAP ERP und Zielsystem SAP S/4HANA	12
3	**Analyse der Chancen und Risiken**	**27**
3.1	Chancen	27
3.2	Risiken	34
	3.2.1 Ziele der Migration	36
	3.2.2 Strategische Risiken	36
	3.2.3 Projektrisiken (Vorgehensweise/Migrationsplanung)	38
	3.2.4 Rechtliche Risiken	40
	3.2.5 Wirtschaftliche Risiken	41
	3.2.6 Organisatorische Risiken	43
	3.2.7 Risiken des Betriebsmodells	44
	3.2.8 Qualitative Risiken	44
4	**Regulatorische Anforderungen**	**51**
4.1	Gesetzliche Anforderungen	51
	4.1.1 HGB	51
	4.1.2 GoBD	52
	4.1.3 AO	53
	4.1.4 BSIG	53
	4.1.5 EU-DSGVO	53
4.2	Standards	55
4.3	Best Practices	58
	4.3.1 COBIT 5	58

5	**Vorgehensmodell anhand einer Migration auf SAP S/4HANA**	**61**
5.1	Projektansätze: Neueinführung (Green Field) vs. Systemkonvertierung (Brown Field)	61
5.2	Vorgehensmodell SAP Activate	63

6	**Prüfungsansätze**	**79**
6.1	Prüfungsstandards	79
6.2	Projektbegleitende Prüfung	81
	6.2.1 Planungsphase	86
	6.2.2 Definitionsphase	93
	6.2.3 Analysephase	95
	6.2.4 Design- und Customizingphase	98
	6.2.5 Testphase	107
	6.2.6 Datenmigrationsphase	108
	6.2.7 Produktivsetzungsphase	119

7	**Checkliste Prüfungsschritte**	**125**
	Abkürzungen und Glossar	**145**
	Literaturverzeichnis	**147**

1 Einleitung

1.1 Die Idee hinter dem Buch

Durch die zunehmende Globalisierung und den starken technologischen Wandel wächst der Druck auf Unternehmen immer stärker an, weswegen sich Unternehmen, um auf dem Markt bestehen zu können, schneller an dessen wechselnde Bedingungen anpassen müssen. Vor allem im Bereich der Informationstechnologie (IT) sind ständiger Wandel und Wachstum vorherrschend und somit ist eine einzige Technologie nicht von langer Dauer. Das Thema Migration ist stets aktuell und wird es auch bleiben – denn der technische Fortschritt geht immer schneller vonstatten. Bei jeder Systemmigration kommen spezifische konzeptionelle, aber auch rechtliche Anforderungen zum Tragen, welche im Verlauf dieses Buches erläutert werden.

Für die Abwicklung und Optimierung der Geschäftsprozesse eines Unternehmens sind betriebswirtschaftliche Systeme wie das Enterprise Resource Planning (ERP-System) nahezu unerlässlich geworden. Das ERP-System trägt zentral zur Verwaltung und Steuerung der Unternehmensressourcen sowie zur Absicherung und Optimierung der Geschäftsprozesse im laufenden Betrieb bei. Aus heutiger Sicht ist ein ERP-System kaum mehr aus der Infrastruktur eines global tätigen Unternehmens wegzudenken. Würden diese bereichsübergreifenden Programme nicht existieren, wäre nahezu jede Abteilung dazu gezwungen, mit einem eigenen Softwaresystem zu arbeiten, wodurch ein abteilungsübergreifendes Planen, Interagieren und Überwachen fast unmöglich wäre. Jedoch unterliegt auch der ERP-Markt einem stetigen Wandel, der durch aktuelle Trends wie Digitalisierung, Enterprise Mobility und Automatisierung bis hin zur Echtzeitverarbeitung und Künstlichen Intelligenz sowie durch ständig neue Anforderungen der Kunden vorangetrieben wird.

Die Firma SAP SE (SAP)[1] mit Hauptsitz in Walldorf ist der größte europäische Softwarehersteller von ERP-Systemen und hat im Rahmen

---

[1] SAP und andere in diesem Werk erwähnte Produkte und Dienstleistungen von SAP sowie die dazugehörigen Logos sind Marken oder eingetragene Marken der SAP SE. Sämtliche in diesem Werk abgedruckten Screenshots unterliegen dem Urheberrecht der SAP SE.

dieser Anforderungen die Unternehmenssoftware SAP S/4HANA als neue Technologie vorgestellt, welche den Nachfolger des bisherigen SAP ERP-Systems darstellt. Die SAP verfolgt mit SAP S/4HANA eine neue Strategie, die eine Revolution im ERP-Umfeld herbeiführen soll. Die Geschäftsprozesse werden durch die In-Memory-Datenbank SAP HANA, welche den kompletten Datenbestand im Hauptspeicher vorhält, in Echtzeit abgewickelt. Dies wird durch die App-basierte Benutzeroberfläche SAP Fiori, welche die Bedienbarkeit strukturierter und intuitiver darstellt, abgerundet.[2]

Da die Wartung für das aktuelle System SAP ERP Central Component 6.0 nur bis zum Jahresende 2027 explizit zugesagt wird und der Umstieg auf SAP S/4HANA ein langwieriges Projekt ist, welches bereits im Vorfeld ausführlich geplant werden sollte, beschäftigt dieses Thema derzeit alle SAP-Anwender. Laut dem Quartalsbericht der SAP für das dritte Quartal 2018 ist die Zahl der SAP S/4HANA-Kunden gegenüber der Vorjahresperiode bereits um 37 Prozent auf 9.500 Unternehmen angestiegen.[3] Das Analystenhaus PAC Pierre Audoin Consultants hat im Jahr 2017 eine Studie zum aktuellen Status und zum Potenzial von S/4HANA durchgeführt und berichtet, dass bereits 40 Prozent der befragten Unternehmen aus dem Mittelstand Pläne für den Umstieg haben. Trotz der Vorteile, die durch diesen Wandel der ERP-Software angestrebt werden, erfordert solch ein Wandel für die Unternehmen aber auch stets ein Umdenken. Insbesondere bei der Neueinführung beziehungsweise beim Wechsel auf die neue Technologie gibt es einige Besonderheiten zu beachten. SAP S/4HANA bietet im Rahmen der Migration spezielle Herausforderungen, da neben der Migration von Daten auch die Funktionen abgeglichen und überführt werden müssen. Somit haben es Unternehmen hierbei vielmehr mit einer tiefgreifenden Transformation der IT als nur mit einer Migration zu tun. Aufgrund der neuartigen Technologie und der überarbeiteten Prozesssteuerung braucht der Umstieg auf S/4HANA eine strukturierte Vorbereitung, und die Workshops zur Erstellung der firmenspezifischen Roadmap für einen Umstieg auf SAP S/4HANA müssen zeitnah geplant werden.[4]

---

[2] Vgl. McDermott, Bill: SAP S/4HANA Launch, 2015.
[3] Vgl. SAP Quartalsmitteilung Q3 2018 vom 18.10.2018: SAP-Cloud-Geschäft wächst weiter und übertrifft Erwartungen – SAP hebt Ausblick für 2018 an.
[4] Vgl. news aktuell vom 30.08.2017: Freudenberg IT präsentiert neue PAC-Studie „SAP S/4HANA im gehobenen Mittelstand".

Die umfangreiche Transformation der IT-Landschaft durch den Umstieg auf S/4HANA bringt zwangsläufig Risiken mit sich, die durchaus auch rechnungslegungsrelevant sind. Daher sollten auch Wirtschaftsprüfer frühzeitig in den Migrationsprozess eingebunden werden. Aufgrund der in diesem Buch dargestellten Komplexität kann dies nicht im Rahmen der Jahresabschlussprüfung erfolgen. Daher sollte eine projektbegleitende Prüfung bei Einsatz von Informationstechnologie gemäß IDW PS 850 sowohl im Interesse des Anwenders als auch im Interesse des Wirtschaftsprüfers erfolgen, um frühzeitig auf Mängel reagieren zu können.

Dieses Buch gibt wertvolle Tipps und Hinweise, wie die Umstellung auf SAP S/4HANA proaktiv vollzogen werden kann, welche konkreten Maßnahmen gewinnbringend und welche Aspekte aus Sicht eines Wirtschaftsprüfers besonders relevant sind. Hierbei werden mögliche Risiken dargestellt, die rechtlichen Grundlagen aufgearbeitet und daraus gezielte Prüfungshandlungen abgeleitet, um zu einer verlässlichen Einschätzung des IT-Fehlerrisikos zu gelangen.

1.2 Zum Aufbau des Buches

Das Ziel der vorliegenden Publikation „Migrationsprojekte – Durchführung und Prüfung am Beispiel der Umstellung auf SAP S/4HANA" ist es, die wesentlichen Aspekte einer Systemmigration darzustellen und insbesondere Prüfern ein Grundverständnis für die daraus resultierenden Risiken zu vermitteln, damit diese u. a. mittels exemplarisch dargestellter Prüfungshandlungen angemessen reagieren können.

In Kapitel 2 Theoretische Grundlagen werden hierfür zunächst die Grundlagen zu Migrationen im Allgemeinen sowie die Systeme SAP ERP und SAP S/4HANA im Speziellen erläutert. Hierbei wird vor allem auf die technischen Änderungen durch SAP S/4HANA eingegangen.

In Kapitel 3 Analyse der Chancen und Risiken werden darauf aufbauend die Vor- und Nachteile einer Einführung von SAP S/4HANA aufgezeigt und mögliche Chancen und Risiken abgeleitet.

In Kapitel 4 Regulatorische Anforderungen wird aufgezeigt, welche regulatorischen Anforderungen an rechnungslegungsrelevante Systeme beim Einsatz von Informationstechnologie gelten.

In Kapitel 5 Vorgehensmodell anhand einer Migration auf SAP S/4HANA wird ein beispielhafter Projektablauf für die Einführung von SAP S/4HANA vorgestellt. Hierbei werden insbesondere die unterschiedlichen Ansätze Green Field und Brown Field erläutert.

In Kapitel 6 Prüfungsansätze werden, nachdem die relevanten Standards und Stellungnahmen aufgeführt sind, mögliche Prüfungshandlungen sowohl im Rahmen einer projektbegleitenden Prüfung als auch im Rahmen einer dem Projekt nachgelagerten Prüfung erläutert.

2 Theoretische Grundlagen

2.1 Migrationen

Der Begriff Migration leitet sich aus dem lateinischen Wort *migratio* für Übersiedlung ab und bezeichnet in der IT einen Umstellungsprozess in den datenverarbeitenden IT-Systemen. Der Begriff ist vielschichtig und kann sowohl die Umstellung insgesamt als auch jeden darin eingeordneten Anpassungsprozess einzelner Bestandteile des Systems bezeichnen und lässt sich grob in die Bereiche Software-, Hardware-, Daten- und Anwendungsmigration unterteilen.

Softwaremigration

Eine Softwaremigration beschreibt den Prozess der Umstellung von einer bisherigen zu einer neuen technologischen Umgebung. Die Migration geht über eine einfache Aktualisierung beziehungsweise ein Upgrade hinaus und bezeichnet vielmehr einen grundlegenden Wechsel der Software-Infrastruktur. Zu den häufigsten Gründen für die Durchführung einer Softwaremigration gehört die Überalterung der Software, ein typisches Beispiel für eine Softwaremigration ist der Umstieg von einem Betriebssystem auf ein anderes Betriebssystem oder auch der Umstieg von einem Major Release auf das nächsthöhere desselben Softwareanbieters.

Hardwaremigration

Eine Hardwaremigration beschreibt die Migration bestehender Systeme auf neue Hardware und wirft in etwa dieselben Probleme auf wie eine rein softwareseitige Migration. Meistens gehen zwangsläufig Hardware- und Softwaremigrationen Hand in Hand, da Schnittstellentreiber ausgetauscht werden müssen, eine Datenmigration wird dabei jedoch tunlichst vermieden.

Datenmigration

Eine Datenmigration beschreibt das Ersetzen einer Plattform, mit welcher Daten verwaltet und vom Altsystem übernommen werden. Bei der Plattform kann es sich dabei zum Beispiel um physische Datenspeicher oder eine Datenbanksoftware handeln. Hierbei reicht es nicht, nur die neue Hardware bereitzustellen und die neue Software zu installieren, es müssen auch die Daten übernommen werden.

Eine Datenmigration besteht aus den drei Schritten des ETL-Prozesses (Extraktion, Transformation und Laden). Im Extraktionsschritt wird gefiltert, welche Daten übernommen werden sollen. Als Zweites erfolgt eine Transformation. Die Daten liegen im Datenmodell des Altsystems vor und müssen in das Datenmodell des Zielsystems transformiert werden. Im dritten und letzten Schritt werden die transformierten Daten ins Zielsystem geladen.

Anwendungsmigration

Eine Anwendungsmigration beschreibt den Ersatz einer kompletten Anwendung durch eine neue. Bei diesem Prozess kommen sowohl Elemente der Hard- und Softwaremigration als auch der Datenmigration zusammen. Es ist also eine grundsätzliche Umgestaltung der Anwendung, um neue Technologien zu nutzen. Eine sorgfältige Planung und Durchführung ist entscheidend zur Wahrung der Datenkonsistenz und zum reibungslosen Wechsel der Funktionalität von der alten auf die neue Anwendung.

> **Hinweis:**
> Bei der Migration auf SAP S/4HANA handelt es sich um eine Anwendungsmigration, somit ist diese eine spezielle Herausforderung, da alle Bestandteile des Systems (Software, Hardware und Daten) berücksichtigt werden müssen.

2.2 Quellsystem SAP ERP und Zielsystem SAP S/4HANA

Der Begriff Enterprise Resource Planning (ERP) bedeutet übersetzt Geschäftsressourcenplanung und beschreibt die Aufgabe, Ressourcen im Sinne des Unternehmenszwecks rechtzeitig und bedarfsgerecht zu planen und zu steuern. Ein ERP-System beschreibt heute eine funktionsbereichsübergreifende Softwarelösung, die in einem Unternehmen ablaufende betriebswirtschaftliche Prozesse plant, steuert und auswertet. Die verschiedenen Bereiche sind im System in einzelne Module unterteilt und über eine gemeinsame Datenbasis, welche in Form einer Datenbank realisiert ist, miteinander verbunden. Durch die Nutzung einer einheitlichen Datenbasis und die Konsolidierung der Daten werden alle Geschäftsprozesse und Betriebsdaten in das ERP-System integriert und entlang der Wertschöpfungskette miteinander verknüpft. Somit ist eine Planung über sämtliche Unternehmensebenen hinweg möglich, womit das ERP-System durch die einheitliche Steuerung zu einem sinnvollen Controlling- und Steuerungsinstrument wird. Die durchgängige Verbindung der Bereiche zu einem Geschäftsprozess erlaubt es, auf Schnittstellen zwischen unterschiedlichen Systemen zu verzichten und Daten nur einmal am Entstehungsort zu erfassen und danach weiterzuverarbeiten.[5]

Bei einem ERP-System handelt es sich in den meisten Fällen um integrierte Standardanwendungssoftware, die aber speziell auf das jeweilige Unternehmen angepasst wird. Dies geschieht durch die Auswahl verschiedener Komponenten für die unterschiedlichen Geschäftsbereiche und -prozesse, welche durch Customizing und Parametrisierung der Systemeinstellungen oder durch Erweiterungen und Modifikationen des Standards durch eigene Programmierungen individualisiert werden können. Eine komplette Individualentwicklung wird aufgrund des damit verbundenen hohen Aufwands kaum realisiert. Die zahlreichen ERP-Systeme, die es auf dem Markt gibt, lassen sich mit gewissen Anpassungen den jeweiligen Anforderungen entsprechend gestalten.

Quellsystem SAP ERP

SAP ERP Central Components 6.0 (SAP ERP) ist das ERP-System der Firma SAP und eines der bekanntesten und am häufigsten genutzten ERP-Systeme. Mit einem Marktanteil von mehr als 20 Prozent ist SAP klarer Marktführer in Deutschland. SAP wurde im Jahr 1972 als „SAP Systemanalyse und Programmentwicklung" von fünf ehemaligen IBM-Mitarbeitern gegründet. Das erste System SAP R/1 sowie der Nachfolger SAP R/2, welcher auf einer Mainframe-Architektur basierte, waren Systeme ausschließlich für das Finanzmanagement. Das bekannteste Produkt des heute größten europäischen Softwareherstellers ist das System SAP R/3, welches erstmals 1991 auf der CeBIT in Hanno-

---

[5] Vgl. Schmelzer, Hermann J./Sesselmann, Wolfgang: Geschäftsprozessmanagement in der Praxis – Kunden zufrieden stellen – Produktivität steigern – Wert erhöhen. Das Standardwerk. München 2013, S. 463f; Laudon, Kenneth C./Laudon, Jane Price/Schoder, Detlef: Wirtschaftsinformatik. Eine Einführung. München 2010, S. 479ff.

ver vorgestellt und bis Dezember 2003 unter diesem Namen geführt wurde. Danach wurde die Produktbezeichnung durch mySAP ERP, heute SAP ERP Central Components in der Version 6.0, kurz SAP ERP oder SAP ECC 6.0 genannt, abgelöst. Die Namensänderung sollte den Einsatzzweck der Software stärker in den Fokus stellen, da SAP ERP neben Finanzprozessen auch logistische Prozesse abdeckt. Das „R" im ursprünglichen Produktnamen steht für „real-time" und die „3" für die dritte Software-Generation sowie für die dreistufige Client/Server-Architektur des Systems, welche in **Abb. 2.1** dargestellt ist.[6]

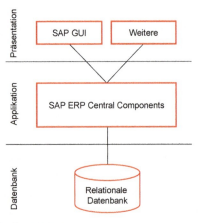

Abb. 2.1 Systemarchitektur SAP ERP

Die Präsentationsebene stellt den Endanwendern eine grafische Dialogschnittstelle zur Verfügung. Die am häufigsten verwendete Benutzeroberfläche des „SAP ERP"-Systems ist das sogenannte SAP GUI (Graphical User Interface). Parallel dazu existieren noch der als Nachfolger für Endanwender platzierte SAP Business Client sowie das SAP Enterprise Portal, welches eine webbasierte Oberfläche zur Verfügung stellt. Die Applikationsebene beinhaltet die Anwendungsdienste zur Abwicklung der gesamten betriebswirtschaftlichen Funktionalität. Durch eine mögliche Replizierung der Anwendungsserver ist das „SAP ERP"-System skalierbar, das heißt, es können mehrere Benutzeraufträge parallel abgewickelt werden. Der Erfolg des „SAP ERP"-Systems beruht auf der Integration, die dadurch gewährleistet ist, dass alle Anwendungsserver

---

[6] Vgl. SAP Global Corporate Affairs: SAP: Weltgrößter Anbieter von Unternehmenssoftware.

auf dasselbe Datenbanksystem zugreifen. Außerdem sind viele Funktionalitäten in der Standard-Auslieferung oder durch die Entwicklung von branchenspezifischen Lösungen durch die SAP verfügbar. Die Anwendungen des „SAP ERP"-Systems sind in der Sprache ABAP/4 (Advanced Business Application Programming Language) geschrieben Durch die eingebettete Entwicklungsplattform können eigene Anwendungen gekapselt entwickelt werden, ohne die Standard-Funktionalitäten zu verletzen. Dadurch ist ein eigenes Ecosystem mit vielen Drittanbietern entstanden, die eigene Entwicklungen als Add-ons für SAP ERP vertreiben. Die Datenbankebene ist für die Speicherung der betriebswirtschaftlichen Daten zuständig. Als Hardware für die Datenbank können die Unternehmen aus einer Reihe von kommerziellen relationalen Datenbankprodukten frei wählen. Die Abfragen auf die Datenbank erfolgen über eine SQL-(Structured Query Language)-Schnittstelle. Das „SAP ERP"-System ist so konzipiert, dass es möglichst selten mit der Datenbank kommuniziert, somit werden viele Dienste direkt vom Anwendungsserver übernommen. Die schreibenden Zugriffe auf die Datenbank erfolgen per transaktionaler Verarbeitung, wobei die Änderungen nicht direkt, sondern zunächst gesammelt und erst dann über eine asynchrone Verbuchung auf die Datenbank geschrieben werden. Das „SAP ERP"-System nutzt die Datenbankanwendung also für das klassische Online Transactional Processing (OLTP). Für die analytische Auswertung großer Datenmengen per Online Analytical Processing (OLAP) ist SAP ERP hingegen nicht geeignet, hierfür wird das SAP Business Warehouse als eigenes System angeboten.[7]

Zielsystem SAP S/4HANA

SAP S/4HANA ist das neueste Produkt der SAP und der funktionale Nachfolger der bisherigen SAP ERP-Software, stellt jedoch eine neue Produktlinie und daher keinen rechtlichen Nachfolger dar. Das „S" im Produktnamen steht für „simple" und die „4" für die vierte Produktgeneration.[8]

---

[7] Vgl. Kemper, Alfons/Eickler, André: Datenbanksysteme. Eine Einführung. Berlin/Boston 2015, S. 533ff; Staud, Josef Ludwig: Relationale Datenbanken: Grundlagen, Modellierung, Speicherung, Alternativen. Offenbach 2015, S. 19ff, 279ff, 369f.
[8] Vgl. Eilers, Christina: SAP S/ 4HANA: Neue Funktionen, Einsatzszenarien und Auswirkungen auf das Finanzberichtswesen, in: Konzerncontrolling 2020. Zukünftige Herausforderungen der Konzernsteuerung meistern, hrsg. von Ronald Gleich, Kai Grönke, Markus Kirchmann und Jörg Leyk. München 2016, S. 183-200, hier: S. 185.

> **Hinweis:**
>
> Die Begriffe SAP HANA und SAP S/4HANA hören sich durchaus ähnlich an und werden leicht verwechselt.
>
> SAP HANA ist die aktuelle Datenbanktechnologie von SAP, basierend auf der In-Memory-Technologie.
>
> SAP S/4HANA bezeichnet die neueste Business Suite, welche auf der Datenbanktechnologie SAP HANA aufsetzt.

Die Entwicklung von SAP S/4HANA aus den vorhergehenden ERP-Systemen sowie der Datenbank SAP HANA ist in **Abb. 2.2** dargestellt.

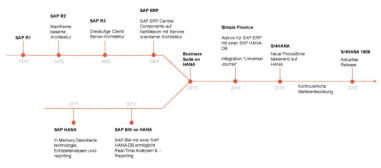

Abb. 2.2 Entwicklung SAP S/4HANA

Die dreistufige Client/Server-Architektur von SAP S/4HANA, welche in **Abb. 2.3** schematisch dargestellt ist, basiert vollständig auf der In-Memory-Plattform SAP HANA. Als Benutzeroberfläche steht zusätzlich zur transaktionalen SAP GUI auch die App-basierte Benutzeroberfläche SAP Fiori zur Verfügung, welche auf jedem mobilen Endgerät, welches HTML5 (Hypertext Markup Language) unterstützt, verfügbar ist. Damit wird der Trend zu Enterprise Mobility, also zur Erledigung von Geschäftsaufgaben über mobile Endgeräte, unterstützt. Auf Basis der Komponenten SAP HANA und SAP Fiori wurden eine Reihe neuer Geschäftsanwendungen entwickelt, welche im sogenannten SAP S/4HANA Digital Core zusammengefasst sind.

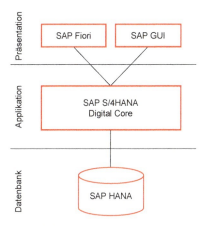

Abb. 2.3 Systemarchitektur SAP S/4HANA

Die In-Memory-Technologie wurde zum ersten Mal in Veröffentlichungen zu Datenbankrecherchen aus dem Jahr 1980 erwähnt. Eine In-Memory-Datenbank (IMDB) ist eine Datenbank, welche den gesamten Datenbestand innerhalb des Arbeits- bzw. Hauptspeichers permanent vorhält. Zwar existieren bei IMDB neben den im Arbeitsspeicher vorgehaltenen Daten noch weitere Daten im Sekundärspeicher, diese werden aber ausschließlich aus Sicherungs- und Wiederherstellungsgründen zur Verfügung gestellt.[9] Die In-Memory-Datenbank SAP HANA wurde 2008 von der SAP in Kooperation mit dem Hasso-Plattner-Institut und der Stanford University entwickelt. HANA stand ursprünglich als Akronym für High Performance Analytic Appliance und wird heute als Eigenname verwendet. Der Begriff Appliance bedeutet, dass das Produkt als kombiniertes System aus Soft- und Hardware geliefert wird. Als Hardware für die Datenbank wird ein Server mit mehreren Zentraleinheiten (Central Processing Unit, CPU) und mehreren Giga- bis Terrabyte Hauptspeicher verwendet. Durch die Speicherung der aktuellen Daten im Hauptspeicher sind diese schneller abrufbar und können schneller von der CPU verarbeitet werden. SAP HANA bietet die Möglichkeit, sowohl mit großen Datenmengen als auch mit sich schnell ändernden

---

[9] Vgl. Garcia-Molina, Hector/Salem, Kenneth: Main memory database systems. An overview, in: IEEE Transactions on Knowledge and Data Engineering, S. 509-516, hier: S. 509ff; Bärenfänger, Rieke/Otto, Boris/Österle, Hubert: Business value of in-memory technology – multiple-case study insights, in: Industrial Management & Data Systems, Volume 114, Issue 9, oct. 2014, S. 1396-1414, hier: S. 3f.

Daten zu arbeiten. Somit können Analysen von großen Datenmengen in Echtzeit realisiert werden, was aufgrund höherer Zugriffszeiten bei einer Datenspeicherung auf einer Festplatte nicht möglich ist.[10]

Zusätzlich zur In-Memory-Technologie arbeitet SAP HANA sowohl mit zeilenorientierter (Row-Store-Format) als auch mit spaltenorientierter Datenhaltung (Column-Store-Format). In relationalen Datenbanken werden die Datensätze zeilenorientiert abgespeichert, wobei eine Zeile einem zusammenhängenden Datensatz entspricht. Eine Speicherung in zeilenorientierter Form eignet sich besonders für Online Transaction Processing (OLTP), also für transaktionale Aufgaben, bei denen primär einzelne Datensätze angefragt und im Anschluss verarbeitet und in die Datenbank geschrieben werden müssen.[11]

Bei der spaltenorientierten Datenhaltung werden die Attributwerte des Datensatzes untereinander auf benachbarte Blöcke verteilt. Diese Speicherform eignet sich besonders für Online Analytical Processing (OLAP), also für die Auswertung von Informationen. Dies gründet darin, dass solche Anwendungen hauptsächlich eine größere Datenmenge anfragen. Auf Basis dieser Daten erfolgt dann eine Berechnung, oftmals statistisch. Darüber hinaus hat spaltenorientierte Speicherung insbesondere bei breiten Tabellen einen relevanten Vorteil, wenn in der Anfrage nur wenige Attribute benötigt werden. Zudem lässt sich eine Kompression in zeilenorientierten DB-Systemen nur sehr aufwendig durchführen. Das ist darauf zurückzuführen, dass in einem Datensatz häufig Werte mit vielen verschiedenen Datentypen gespeichert sind. Die spaltenorientierte Speicherung der Daten ordnet sehr ähnliche Werte einer Spalte auch physisch beieinander liegend an, somit bietet dies einen guten Ansatz für die Kompression und die Möglichkeit, Kompressionsalgorithmen effizient zu implementieren. Weiter führt es zu einer signifikanten Reduzierung des Datenvolumens.[12]

Durch die gemeinsame Nutzung von zeilenorientierter und spaltenorientierter Datenhaltung kann SAP HANA sowohl für transaktionale als auch für analytische Zwecke genutzt werden. Dabei kann je nach zu

---

[10] Plattner, Hasso/Zeier, Alexander: In-memory data management: An inflection point for enterprise applications. Heidelberg/New York 2011, S. 15f.
[11] Vgl. Date, Chris J.: An introduction to database systems. Reading, Mass. 1991, S. 238.
[12] Vgl. Plattner, Hasso/Zeier, Alexander: In-memory data management: An inflection point for enterprise applications. Heidelberg/New York 2011, S. 33ff.

erstellender Tabelle definiert werden, ob diese spalten- oder zeilenorientiert abgespeichert werden soll. Daher ist ein externes System für Analysen, wie beispielsweise SAP Business Warehouse, bei Nutzung der Datenbank SAP HANA nicht mehr zwingend notwendig.[13]

Hinweis:
Eines der Hauptprodukte der SAP AG ist, neben dem System SAP ERP, das System SAP Business Warehouse. Beide Systeme sind sehr stark miteinander verbunden, nutzen jedoch im Backend nicht die gleichen Datenbanken. Das BW-System wird für Reports und Analysen benutzt. Hierzu werden Daten aus dem ERP System geladen und aufwendig aufbereitet, um sie dann auswerten zu können. Diese Trennung der Daten wird deshalb vorgenommen, um das ERP-System nicht mit aufwendigen Auswertungen zu belasten, was jedoch zu langsamen oder verspäteten Reports führen kann. Durch die Verwendung von SAP S/4HANA kann auf die Trennung zwischen SAP ERP und SAP BW verzichtet werden.

Das volle Potenzial der Datenbank SAP HANA, also sowohl Geschwindigkeit als auch Komprimierung der Daten, kann jedoch nur genutzt werden, wenn alle Daten im spaltenorientierten Format vorliegen. Wenn ein Unternehmen nun das bestehende ERP-System von einer relationalen Datenbank nur auf die Datenbank SAP HANA migriert, werden auch alle Daten, die in der relationalen Datenbank im zeilenorientierten Format vorliegen, in diesem Format übernommen. SAP HANA speichert diese Daten dann im spaltenorientierten Format ab und erstellt eine Sicht, die eine zeilenorientierte Speicherung nachahmt. Das ist wichtig, da alle Applikationen, also auch das SAP ERP-System, die Daten aus der Datenbank in zeilenorientierter Form erwarten. Der Nachteil hierbei ist jedoch, dass die erhöhte Geschwindigkeit durch spaltenorientierte Speicherung nicht erreicht wird.

---

[13] Vgl. Plattner, Hasso: Lehrbuch In-Memory Data Management – Grundlagen der In-Memory-Technologie. Wiesbaden 2013, S. 125, 286; Mueller, Stephan: Any Attribute as an Index, Blogeintrag unter https://blogs.saphana.com/2011/09/15/any-attribute-as-an-index vom 15.11.2011, zuletzt aufgerufen am 18.10.2018; Lacy, Andrew: SAP HANA versus Oracle. In-Memory-Systeme im Vergleich, in: Informatik Aktuell vom 11.02.2015; Kemper, Alfons/Eickler, André: Datenbanksysteme. Eine Einführung. Berlin/Boston 2015, S. 583ff.

Die Geschäftsanwendungen in SAP S/4HANA basieren jedoch vollständig auf der Datenbank SAP HANA und werden durch die In-Memory-Technologie unterstützt, daher können alle Geschwindigkeitsvorteile sowie das volle Potenzial von SAP HANA genutzt werden. Des Weiteren wird in SAP HANA die Anzahl an Datenbanktabellen reduziert, die Tabellen harmonisiert und optimiert und somit das Datenmodell vereinfacht.

Der SAP S/4HANA Digital Core beschreibt die Anwendungsebene von SAP S/4HANA. Zusätzlich zu den bereits dargestellten technischen Änderungen durch die Datenbanktechnologie ergeben sich durch SAP S/4HANA auch Änderungen in den betriebswirtschaftlichen Funktionen.

Die Veränderungen zeigen sich beispielsweise in der Anzahl der zur Verfügung gestellten Funktionalitäten. Wo es in SAP ERP mehrere oder konkurrierende Funktionalitäten gab, wird in S/4HANA der Principle-of-One-Ansatz umgesetzt, bei dem für jede Aufgabe und jeden Prozess nur noch eine Funktionalität verfügbar ist. Während in SAP ERP beispielsweise zwei Funktionalitäten für das Kreditmanagement zur Verfügung standen, die integrierte Lösung des Moduls Financials und die eigenständige Lösung, sind in S/4HANA meist nur noch die eigenständigen Lösungen verfügbar. Ein weiteres Beispiel ist das Material Ledger, welches parallele Währungen und somit eine parallele Bewertung des Materials sowie die Ist-Kalkulation ermöglicht und im Gegensatz zur optionalen Aktivierung in SAP ERP für S/4HANA obligatorisch ist. Des Weiteren ändert sich bei einem Umstieg auf SAP S/4HANA nicht nur der Aufbau des Systems, sondern auch die komplette Infrastruktur der IT-Landschaft, da einzelne Funktionen aus ursprünglichen Schnittstellensystemen vollständig in den S/4HANA Digital Core integriert wurden. Als Beispiele hierfür sind Funktionalitäten aus dem externen Lagerverwaltungssystem SAP Extended Warehouse Management zu nennen, welche bei SAP ERP als eigenständige Systeme geführt und per Schnittstelle angebunden wurden. Da diese Funktionalitäten nun in der Kernapplikation von SAP S/4HANA verfügbar sind, kann auf die Schnittstelle innerhalb der zukünftigen S/4HANA-Architektur verzichtet werden.[14] Bisher in SAP ERP integrierte Funktionalitäten aus weiter-

---

[14] Vgl. SAP SE: What's New in SAP S/4HANA 1709 (https://help.sap.com/doc/b870b6ebcd2e4b5890f16f4b06827064/1709%20000/en-US/WN_OP1709_EN.pdf, zuletzt aufgerufen am 29.11.2018).

hin bestehenden Schnittstellensystemen, wie SAP Global Trade Services oder SAP Customer Relationship Management, fallen unter SAP S/4HANA dagegen weg.[15]

Zusätzlich zur Anzahl der verfügbaren Funktionalitäten zeigt sich eine weitere Veränderung in der Simplifizierung der zur Verfügung stehenden betriebswirtschaftlichen Funktionen, welche auf den Veränderungen in den Datenmodellen basieren. Dabei wird der ursprüngliche Programmcode von SAP ERP durch den überarbeiteten Programmcode von S/4HANA ausgetauscht. Damit das komplette Potenzial der Datenbank SAP HANA ausgeschöpft wird, ist dieser Programmcode auf die Arbeit mit spaltenorientiert gespeicherten Daten sowie auf das neue Datenbankmodell ausgerichtet. Eine genaue Auflistung der Änderungen je Release ist in der sogenannten Simplification List zu finden. Diese enthält auf Funktionsebene eine detaillierte Beschreibung, wie sich SAP S/4HANA auf individuelle Transaktionen und Lösungsfunktionen des SAP ERP auswirkt. Weiterhin wird eine Übersicht über alle Änderungen an den Funktionalitäten gegeben, welche sich in die folgenden Kategorien unterteilen lassen:

- Funktionalität aufgrund der Datenstruktur geändert
- Funktionalität nicht mehr verfügbar
  - Funktionales Äquivalent verfügbar (Principle-of-One)
  - Kein funktionales Äquivalent verfügbar
- Funktionalität gehört nicht zur Zielarchitektur und wird nicht mehr weiterentwickelt, ist aber noch vorhanden[16]

Bei einem Umstieg von SAP ERP auf SAP S/4HANA muss ein Unternehmen also zunächst genau prüfen, welche Änderungen sich an den genutzten Funktionalitäten ergeben und ob die Funktionalitäten unter SAP S/4HANA noch zur Verfügung stehen.

Die App-basierte Benutzeroberfläche SAP Fiori wurde im Jahr 2013 veröffentlicht und steht seit 2015 in der Version SAP Fiori 2.0 zur Verfügung. SAP Fiori ist die erklärte Technologie für alle zukünftigen

---

[15] Vgl. Densborn, Frank/Finkbohner, Frank/Freudenberg, Jochen/Mathäß, Kim/Wagner, Frank: Migration nach SAP S/4HANA. Bonn 2017, S. 49ff., 77ff.
[16] Vgl. SAP SE: Simplification List for SAP S/4HANA 1909 Initial Shipment Stack (https://help.sap.com/doc/0080a18cdc1045638d31c87b839011e7/1909.000/en-US/SIMPL_OP1909.pdf – zuletzt abgerufen am 06.04.2020).

Anwendungen der SAP und wird in SAP S/4HANA durchgängig als Frontend verwendet. Eine Benutzung von SAP Fiori ist unter bestimmten Voraussetzungen auch bei SAP ERP möglich, standardmäßig wird SAP ERP jedoch über die grafische, transaktionale Benutzeroberfläche SAP GUI bedient, welche unter S/4HANA als Alternative weiterhin zur Verfügung steht. Der zentrale Einstiegspunkt für den Benutzer, über den der Zugriff auf die als Kacheln angeordneten, relevanten Apps erfolgt, ist das personalisierbare SAP Fiori Launchpad. Technisch gesehen handelt es sich bei den Apps um Browser-Anwendungen, die in der SAP-eigenen Programmiersprache SAPUI5, welche auf HTML5 basiert, entwickelt wurden und somit alle gängigen Betriebssysteme und Browser unterstützen. Im Gegensatz zu den aufgabenorientierten Transaktionen im ERP System sind die Apps rollenbasiert. Jeder Benutzer hat damit eine individuelle, rollenbasiere Sicht, in der nur die für ihn relevanten Daten und Funktionen zu sehen sind. Die Apps wurden zudem an die Prozesse im Unternehmen angepasst, so dass nur eine Eingabemaske pro Prozess existiert.[17]

Die Applikationen für SAP Fiori lassen sich in folgende drei unterschiedliche Arten aufteilen:

- Transaktionale Apps für die Durchführung von transaktionalen Aufgaben analog zu den Transaktionen im SAP ERP
- Analytische Apps für den Zugriff auf Kennzahlen und die Erstellung von Analysen in Echtzeit
- Fact Sheets zur Anzeige von Kontext- und wesentlichen Unternehmensinformationen

Für den Zugriff auf SAP Fiori Apps werden die Anfragen der Clients per HTTPS (Hypertext Transfer Protocol Secure) an den Reverse Proxy Server weitergeleitet. Von der SAP wird der SAP Web Dispatcher als Reverse Proxy Server empfohlen. Der Web Dispatcher entscheidet darüber, ob die Anfrage durch den ABAP Frontend Server bearbeitet oder direkt an die HANA-Instanz weitergeleitet und dort im Backend verarbeitet werden soll. Bei einem Zugriff auf eine analytische App oder ein Fact

---

[17] Vgl. Wang, Ray: Coming to Terms with the Consumerization of IT, in: Harvard Business Review vom 13.07.2011.

Sheet wird die Anfrage im Backend direkt an die HANA-Datenbank weitergeleitet und als HANA-Service verarbeitet.[18]

SAP bietet derzeit mehr als 11.900 verschiedene Standard SAP Fiori Apps an (Stand 2020)[19], jedoch können nicht alle SAP Fiori Apps in allen Produkten und allen Releaseständen dieser Produkte verwendet werden. Die Fiori App Library bietet einen Überblick über alle Applikationen, die nach verschiedenen Kriterien gefiltert werden können. Die einzelnen Applikationen lassen sich in begrenztem Umfang durch Customizing anpassen und erweitern. Ein signifikanter Mehrwert von SAP Fiori besteht jedoch darin, dass mit SAPUI5 und den von SAP zur Verfügung gestellten Entwicklerwerkzeugen, wie dem SAP App Builder, auch eigene individuelle Apps entwickelt werden können.[20] Ein Nachteil von SAP Fiori liegt darin, dass die Nutzung zu mehr Vorbereitungsaufwand beim Umstieg führt. Dieser Aufwand zeigt sich zunächst in der Identifikation der notwendigen Apps, diese ist aufgrund der Vielzahl an verfügbaren Applikationen aufwändig. Da die Apps rollenbasiert sind, gibt es oftmals mehrere Apps mit derselben Funktionalität für unterschiedliche Rollen. Die von SAP vorgegebenen Rollen passen jedoch vor allem im Mittelstand oft nicht zu den Rollen im Unternehmen. Außerdem sind die Apps im Gegensatz zu den Transaktionen nicht hierarchisch aufgebaut. Die technische Anbindung ist ebenfalls aufwändig, da jede App einzeln konfiguriert sowie bestehende Rollen um entsprechende Berechtigungen erweitert oder neue Rollen im Prozess definiert werden müssen.

SAP S/4HANA ist in zwei verschiedenen Editionen als SAP S/4HANA und als SAP S/4HANA Cloud vorhanden.[21] Die Edition S/4HANA ist in zwei verschiedenen Bereitstellungsoptionen verfügbar. Das Unternehmen kann die Infrastruktur sowie das System selbst im eigenen Rechen-

---

[18] Vgl. Waldenmayer, Jörg: Was ist SAP Fiori? Und was versteht man unter SAPUI5?, in: Inspiricon Blog (https://inspiricon.de/sap-fiori-sapui5/), Eintrag vom 24.02.2015, zuletzt aufgerufen am 30.03.2020; SAP Help Portal: Typen von SAP Fiori Apps und Datenbankanforderungen (https://help.sap.com/doc/fiori_bs2013/1.0%202015-10/de-DE/04/7e17535290e40be10000000a441470/content.htm?no_cache=true), zuletzt aufgerufen am 30.03.2020.
[19] Vgl. SAP SE: Fiori App Library (https://fioriappslibrary.hana.ondemand.com/sap/fix/externalViewer/#/home), zuletzt abgerufen am 30.03.2020
[20] Vgl. Behrndt, Johannes: SAP Fiori - Vorteile. Voraussetzungen. Einführung. Bielefeld, S. 12.
[21] Die Markennamen *S/4HANA Cloud private edition* und *S/4HANA Cloud public edition* beziehen sich auf S/4HANA ab Release 1709 und wurden bis Release S/4HANA 1609 als *S/4HANA Cloud single-tenant edition* und *S/4HANA Cloud multi-tenant edition* geführt. Die Markennamen können sich mit weiteren Releases erneut verändern.

zentrum oder bei einem Dienstleister im Rechenzentrum als On-Premise betreiben. Eine weitere Option ist der Betrieb als Software-as-a-Service (SaaS) in einer privaten Cloud. SaaS-Bereitstellung bedeutet, dass die Funktionalitäten des lokalen On-Premise S/4HANA ohne die für die lokale Version erforderliche Infrastruktur oder Plattform genutzt werden können. Die SaaS-Bereitstellungsoption nennt sich SAP S/4HANA Cloud private edition. Zu den Cloud-Providern gehören unter anderem SAP Cloud, Google Cloud Platform, IBM Cloud, Amazon Web Services, Alibaba und Microsoft Azure. Der Betrieb einer SAP S/4HANA Cloud als private edition stellt in diesem Fall einen On-Premise-Betrieb in einem virtuellen Rechenzentrum dar.[22] Im Vergleich zur private edition stellt die von SAP betriebene Edition SAP S/4HANA Cloud public edition eine eigene Bereitstellungsoption dar, die nicht nur den Betrieb des Systems zentral bei der SAP in der öffentlichen Cloud, sondern auch die komplette Verwaltung des Systems durch die SAP miteinschließt. Das Unternehmen mietet die benötigten IT-Ressourcen sowie die Systemwartung und die Beratung bei der SAP. Das Cloud-System wird nicht dediziert für ein Unternehmen aufgesetzt, sondern zentral zur Verfügung gestellt und von mehreren Unternehmen als sogenanntes „shared system" genutzt. Aus diesem Grund ist auch nur eine limitierte Anpassung der Standardfunktionalitäten möglich. Für manche Kunden bietet die Cloud eine Möglichkeit, durch Outsourcing die Betriebskosten zu senken. Andere sehen aufgrund von technischen Einschränkungen oder Anforderungen der Compliance darin keine Lösung. Mischformen (Hybridansätze) zwischen On-Premise-Systemen und Cloud-Software sind ebenfalls möglich. Ein Vergleich der Betriebsmodelle ist in **Tab. 2.1** zu finden.

---

[22] SAP SE: S4LG1: Innovative Logistics Processes in SAP S/4HANA Enterprise Management – Collection 08 – Participant Handbook 2018, S. 7.

	SAP S/4HANA Cloud	SAP S/4HANA On-Premise	
	SAP S/4HANA Cloud (Public Edition, multi-tenant)	SAP S/4HANA Cloud (Private Edition, single-tenant)	SAP S/4HANA On-Premise
Funktionsumfang	Standardisiertes, vorkonfiguriertes System mit definierten Szenarien und limitierter Anpassung	Voller Funktionsumfang, individuelle Implementierung, flexible Anpassung (Customizing, Programmcode etc.)	
Innovationszyklus	Automatische Updates, vierteljährlicher Innovationszyklus	Unternehmen plant Updates individuell, jährlicher Innovationszyklus	
System Governance	SAP	Unternehmen	
IT-Infrastruktur	SAP stellt das System zentral zur Verfügung und ist für die Wartung zuständig	Betrieb und Wartung des Systems bei einem Dienstleister in einer privaten Cloud	Betrieb und Wartung des Systems im eigenen Rechenzentrum

Tab. 2.1 Vergleich Bereitstellungsoptionen SAP S/4HANA

3 Analyse der Chancen und Risiken

Die Wartung für die Vorgängerversion SAP ECC 6.0 war bis Anfang des Jahres 2020 nur bis Ende des Jahres 2025 explizit zugesagt. Mittlerweile wurde die Mainstream-Wartung bis Ende 2027 sowie eine optionale Extended-Wartung bis Ende 2030 zugesagt. Dieses bevorstehende Wartungsende ist jedoch nicht der einzige Grund, warum sich SAP-Anwender mit dem Thema S/4HANA beschäftigen sollten. In den meisten Fällen sind es technologische Vorteile, die S/4HANA mitbringt. Allerdings bedeutet die Migration auf S/4HANA auch eine finanzielle Investition. Daher stellt sich immer wieder die Frage, welche betriebswirtschaftlichen Argumente für die Plattform sprechen und welche Risiken sich bei einer S/4HANA-Migration ergeben können.

Ein Überblick über die Chancen und Risiken ist in **Abb. 3.1** dargestellt, diese werden in den folgenden Kapiteln genauer erläutert.

Abb. 3.1 Chancen und Risiken S/4HANA

3.1 Chancen

Die Gründe sowie die Motivation, die zu einer S/4HANA-Einführung führen, sind von Unternehmen zu Unternehmen unterschiedlich. Die Vorteile können allerdings aufgeteilt auf die drei grundlegenden Säulen des Systems, Datenbank-, Anwendungs- und Darstellungsschicht, verdeutlicht werden.

Säule	Datenbank	Anwendung	Darstellung
Veränderung	Vereinfachtes Datenmodell durch SAP HANA mit In-Memory-Technologie	Vereinfachte Systemlandschaft durch neuen Digital Core	Vereinfachung der Benutzerführung durch SAP Fiori
Vorteile	Eliminierung von Aggregationen, Vereinfachung von Tabellen und Stammdaten Fähigkeit, Prozesse in Echtzeit auszuführen Reduktion des benötigten Speicherplatzbedarfs	Weniger Schnittstellen, Funktionalitäten von Schnittstellensystemen Neue Prozesse, Prozessoptimierung, Automatisierung von Prozessen Homogenisierung der Geschäftsprozesse, Abschaffung von Altlasten	App- und rollenbasierte Benutzeroberfläche Intuitive Bedienbarkeit, geeignet für alle mobilen Endgeräte Eingebettete Analysefunktionen Selfservice, multidimensionales Reporting

Tab. 3.1 Vorteile durch SAP S/4HANA

Datenbankebene

Durch den Wechsel von einer relationalen Datenbank auf die In-Memory-Datenbank SAP HANA ergibt sich ein vereinfachtes Datenmodell. Innerhalb dieses Datenmodells entfällt die Notwendigkeit, Daten bei jeder Buchung in vordefinierten Formaten zu aggregieren (statische Aggregationen), das heißt in einer zusammenfassenden Form darzustellen, um kompaktere Datenpakete zu erhalten. Aggregate wurden in der Vergangenheit von Entwicklern vordefiniert, um Daten effizienter verarbeiten zu können. Der Nachteil des Aggregierens ist jedoch, dass die geschaffenen Aggregate sich in der Regel auf eine bestimmte Art der Abfrage beziehen. Neue Abfragen erfordern zumeist eine neue Aggregation. Das Konzept, Daten nicht zu aggregieren, sondern Einzelposten nach beliebigen Kriterien aufzusummieren, schafft ein hohes Maß an Flexibilität bei der Erstellung von Analysen. Da keine statischen, vordefinierten Aggregationen mehr nötig sind, können Tabellen eliminiert werden und es sind insgesamt weniger Tabellen notwendig. Gleichzeitig erhöht sich die Durchsatzrate, das heißt, es kann eine höhere Anzahl an Buchungen erfolgen, da weniger Tabellen fortgeschrieben werden und es nicht aufgrund von Datenbanksperren zu Wartezeiten kommt. In SAP ERP existieren allein für die Bestandsführung 26 Aggregations-, zwei Stammdaten- und zwei Bewegungsdatentabellen. Diese wurden nun auf zwei Stammdatentabellen sowie die umfangreiche Tabelle

MATDOC als Universal Material Journal für die Bewegungsdaten reduziert. Im Rechnungswesen wurden alle transaktionalen Tabellen des Hauptbuchs, der Nebenbücher wie beispielsweise des Anlagenbuchs, des Controllings und der Ergebnisrechnung in der umfangreichen Tabelle ACDOCA zu einem Universal Journal zusammengefasst.

> **Hinweis:**   **i**
> **Hintergründe zum Universal Journal**
>
> Das Universal Journal kombiniert Module des internen und externen Rechnungswesens wie FI (Financials) und CO (Controlling) und bildet damit eine Sammlung aller relevanten Geschäftsdaten.
>
> Die ursprüngliche Trennung des internen und externen Rechnungswesens basierte auf dem Gedanken, dass die beiden Bereiche unabhängig voneinander funktionieren, obwohl ihnen dieselben Daten zugrunde liegen. Aus diesem Grund wurden unabhängige Datenbanktabellen für diese Bereiche eingeführt.
>
> Da sich FI und CO aber in vielerlei Hinsicht überschneiden, wurden zunehmend komplexe Mechanismen für den Datenabgleich zwischen den Tabellen entwickelt. Seit der Einführung des neuen Hauptbuchs (New GL) ist eine Echtzeit-Integration von FI und CO möglich. Nichtsdestotrotz blieb das Problem der mehrfachen Datenhaltung bestehen. Daher vollzog SAP mit S/4HANA und der HANA DB den Schritt zu einer gemeinsamen Datenhaltung.
>
> Das Universal Journal dient als einzige Datenquelle („Single Source of Truth") für Analysen. Dabei werden die Details zu sämtlichen Einzelposten in der ACDOCA-Tabelle zusammengefasst, welche nach klassischen Feldern (auch Dimensionen genannt) strukturiert ist.

Ein Vergleich der Tabellenstruktur sowie der Anzahl der Tabellen in SAP ERP und SAP S/4HANA ist in **Abb. 3.2** dargestellt.

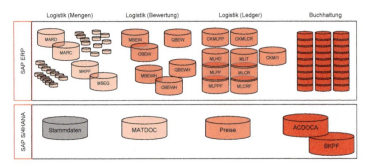

Abb. 3.2 Vergleich der Tabellenstruktur der Datenbanken

Durch die neue Aufteilung der Tabellen existiert nur noch eine zentrale Tabelle je Stammdatum, dadurch werden Redundanzen entfernt und bei Stammdatenänderungen müssen nicht mehr mehrere Tabellen beschrieben werden. Des Weiteren führt diese Aufteilung auch zu einer Vereinfachung von Tabellen und Stammdaten, da die Stamm- und Bewegungsdaten durchgehend getrennt gespeichert werden.

> **Beispiel**
>
> Bei einer Bestandsbuchung im Supply Chain Management müssen in SAP ERP insgesamt 26 Tabellen beschrieben werden. Dabei handelt es sich um 24 statische Tabellenaggregate für Bestände, Dokumente und das Fortschreiben der Historie sowie um 2 Tabellen für Stammdaten. Für die gleiche Bestandsbuchung müssen in SAP S/4HANA nur noch 3 Tabellen beschrieben werden, da die Aggregationen dynamisch in der Tabelle MATDOC erstellt werden.
>
> | ERP ECC | SAP S/4HANA EM |
> |---|---|
> | 11 Inventory aggregate tables | 1 Document table |
> | 2 Document aggregate tables | |
> | 11 History aggregate tables | |
> | 2 Material master tables | 2 Material master tables |
> | **26** | **3** |
>
> **Abb. 3.3** Beispiel: Tabellen für eine Bestandsbuchung im Supply Chain Management

Durch die Kombination von OLTP und OLAP können Analysen direkt ohne Voraggregation realisiert werden. Durch das Lesen und Schreiben von Daten direkt im Hauptspeicher kann auf das Transferieren der Daten zwischen Datenbank- und Applikationslogik verzichtet werden. Die Daten können für Reporting und Analysen jederzeit in Echtzeit in der vollständigen Granularität verarbeitet werden und es sind keine Verarbeitungsläufe im Hintergrund, die sogenannten Batch-Läufe, nötig. Rechenintensive Prozesse werden direkt auf der Datenbank ausgeführt und sind damit deutlich schneller als bisher. Somit bietet sich durch S/4HANA die Möglichkeit, sowohl die Abwicklung von Prozessen als auch das Reporting in Echtzeit auszuführen.[23]

Anwendungsebene

Die IT- und Prozesslandschaft ist in den meisten Unternehmen über viele Jahre heterogen gewachsen. Dies ergibt sich durch vorgenommene kundenspezifische Erweiterungen, um das Standard-ERP-System an die bestehenden Prozesse im Unternehmen anzupassen, sowie durch Übernahmen anderer Unternehmen oder durch notwendige dedizierte Installationen in mehreren Ländern. Die Unternehmen sind heute aufgrund dieser Komplexität der IT-Systeme und der damit verbundenen Inflexibilität eingeschränkt und nicht in der Lage, Innovationen zu entwickeln oder von einigen der wichtigsten Trends in der Unternehmens-IT zu profitieren. Somit ist die Homogenisierung der IT-Landschaft ein aktueller Trend und strategischer Faktor für die Kostenreduzierung und Skalierbarkeit der IT eines Unternehmens. Mit der Einführung von SAP S/4HANA bietet sich die Chance, aber gleichermaßen auch die Herausforderung, diese Komplexität zu reduzieren, indem Funktionalitäten zurück in den SAP-Standard geführt, Schnittstellen reduziert und eine neue SAP-Ziel-Architektur geschaffen wird. Hierdurch kann gegebenenfalls auch die Gesamtmenge der Systeme reduziert werden. Des Weiteren ist auch die Möglichkeit gegeben, die Systeme in der Cloud zu betreiben.

Durch den neuen Digital Core ergibt sich eine vereinfachte Systemlandschaft, da Funktionalitäten von Schnittstellensystemen verfügbar sind und somit die Anzahl von Schnittstellen reduziert werden kann. Durch die Überarbeitung der Geschäftsprozesse und die Möglichkeit zur Echtzeitverarbeitung sind intelligente Automatisierungsfunktionen

---

[23] Vgl. Bugün, Gelecek (2013): Big Data Management with SAP (http://de.slideshare.net/sapturkiye/sap-sap-zmleryle-byk-ver-ynetm), zuletzt geprüft am 30.03.2020.

und somit eine Reduktion der Durchlaufzeit möglich. Durch das Hinzufügen von Vorhersage- und Simulationsfunktionen kann die Agilität und Beweglichkeit von Geschäftsprozessen verbessert werden.

Darstellungsebene

Durch die neue Benutzeroberfläche SAP Fiori, welche App- und rollenbasiert zur Verfügung gestellt wird, hat jeder Benutzer sein eigenes Cockpit mit den für die Rolle notwendigen Applikationen. Die Benutzeroberfläche ist für alle mobilen Endgeräte verfügbar und intuitiv zu bedienen. Durch die Integration mit der Datenbank SAP HANA sind eingebettete Analysefunktionen vorhanden, die Analysen werden „on the fly" zur Verfügung gestellt. Außerdem hat jeder Benutzer die Möglichkeit, eigene mehrdimensionale Reportings zu erstellen, somit wird die Entscheidungsfindung in einer einzigen Wahrheitsumgebung ermöglicht.

Zusammengefasst sprechen viele sachliche technologische Argumente und Neuerungen für die Plattform SAP S/4HANA, da sich diese für die Unternehmen positiv auf die Geschäftsprozesse und den Betrieb auswirken. Gleichzeitig ist das wichtigste Argument die Digitalisierung des Unternehmens. Im Zuge der Umstellungen bieten sich für Unternehmen Möglichkeiten des Aufräumens, Optimierens und der systematischen Weiterentwicklung der eigenen Prozesse und Arbeitsabläufe sowie der technischen Anwendungen, Infrastruktur und Architektur. Dadurch ergeben sich Chancen, gewinnbringende Potenziale und Verbesserungen in Sachen Digitalisierung. S/4HANA ist somit die Eintrittsplattform der SAP für die digitale Welt. Diese Tatsache macht S/4HANA für jedes Unternehmen relevant, denn mit der Digitalisierung muss sich jeder auseinandersetzen. Der folgende Abschnitt beschreibt die Auswirkungen beziehungsweise Chancen, die sich Unternehmen mit der Einführung von S/4HANA und den damit verbundenen bereits genannten Vorteilen bieten können.

Leistungsgewinn

Als erste Chance ist die Optimierung der Performance des Systems und der Anwendungen durch die Verwendung von SAP S/4HANA zu nennen. Durch den für SAP HANA angepassten Programmcode der Anwendungen sind die Prozesse automatisierbar und damit schneller durchführbar. Auch der lesende und schreibende Zugriff auf die Datenbank erfolgt schneller, wodurch eine Echtzeitverarbeitung ermöglicht wird. Dieser Vorteil zeigt sich auch im Bereich Reporting, da wichtige Kennzahlen direkt in der Kacheloberfläche von SAP Fiori angezeigt werden und Analysen hier integriert und direkt „on the fly" durchgeführt werden können.

Vereinfachung – Systemlandschaft und Funktionalitäten

Das Thema Vereinfachung kommt in verschiedenen Zusammenhängen zur Sprache und bezieht sich vor allem auf die Systemlandschaft und die Funktionalitäten der Prozesse und Anwendungen.

Die Systemlandschaft wird insoweit vereinfacht, als in Summe weniger Systeme benötigt werden. Dadurch werden Schnittstellen reduziert und Redundanzen vermieden.

Durch die Veränderung des Programmcodes ist die Abwicklung neuer Funktionalitäten sowie die Vereinfachung bestehender Funktionalitäten möglich. Somit sind mit S/4HANA schlanke und schnelle Prozesse, die Zukunftssicherheit gewährleisten, realisierbar. Mit dem Umstieg auf SAP S/4HANA bietet sich außerdem die Möglichkeit, Unternehmensprozesse zu standardisieren und den Aufwand rund um Anwendungen, die nicht dem Standard entsprechen, zu reduzieren. Als eine Folge der Standardisierung kann auch eine daraus resultierende Vereinfachung der Anwendungen genannt werden. So sind die neuen Eingabemasken mit SAP Fiori erheblich benutzerfreundlicher. Dazu ergeben sich die mobilen Einsatzmöglichkeiten mit SAP Fiori sowie die Möglichkeit zu Simulationen und neue Funktionalitäten im Bereich Machine Learning und Internet of Things.

Eine Studie der West Trax Benchmark und Datavard Datenbank, bei der über 2000 Benchmark-Analysen in 15 Branchen durchgeführt wurden, zeigt, dass mehr als 47 Prozent der Anwendungen in SAP-Systemen Eigenentwicklungen sind, von denen 70 Prozent nicht genutzt werden oder veraltet sind. 30 Prozent dieser Eigenentwicklungen könnten durch Standards ersetzt werden. Die Einführung von SAP S/4HANA bietet somit vor allem auch durch die neuen und erweiterten Funktionalitäten die Chance, die gewachsene heterogene Systemlandschaft weiter zurück in den Standard zu führen und somit die Komplexität des Systems zu reduzieren. Durch die Aufnahme neuer Prozesse in den Digital Core können die Geschäftsprozesse des Unternehmens homogenisiert werden. Außerdem bietet die Einführung von S/4HANA die Chance, die Geschäftsprozesse zu überdenken und neu zu designen sowie „Altlasten" abzuschaffen.

Kosten

Grundsätzlich gilt, dass in den meisten Fällen damit zu rechnen ist, dass die Einführung von S/4HANA mit erheblichen Kosten verbunden ist. Dennoch kann es zu Situationen kommen, in denen S/4HANA helfen kann, laufende oder entstehende Kosten zu reduzieren – beispielsweise durch die Senkung der Gesamtbetriebskosten aufgrund der Reduzierung der Komplexität oder durch eine Steigerung der Durchlaufgeschwindigkeit einzelner Geschäftsprozesse. Aufgrund der optimierten Datenmodelle, der besseren Skalierbarkeit und der Komprimierung der Datenmenge sowie durch die Reduktion der Schnittstellen und die Möglichkeiten der Automatisierung können unter Umständen auch die Gesamtbetriebskosten der IT gesenkt werden.

3.2 Risiken

Die Vielzahl der dargestellten Chancen darf jedoch nicht dazu verleiten, die Risiken aus Prüfersicht, die ein Migrationsprojekt schon grundsätzlich in sich birgt, außen vor zu lassen. Auch die Komplexität einer Migration erfordert eine umfassende Risikobetrachtung, um mit angemessenen Prüfungshandlungen reagieren zu können. Es muss deutlich werden, dass Aufbau- und Funktionsprüfung nach einer erfolgten Migration durchaus den Rahmen einer Erst- oder einer Follow-up-Prüfung überschreiten können, um zu einer angemessenen Risikoeinschätzung zu gelangen. Mit der folgenden exemplarischen Darstellung der Risikofelder soll verdeutlicht werden, dass eine risikoorientierte Prüfungsplanung auch Detailkenntnisse über einzelne Sachverhalte innerhalb der Migrationsphasen erfordert. Durch eine projektbegleitende Prüfung der Migration können Risiken aus Prüfersicht bereits frühzeitig erhoben und dadurch ggf. entsprechende Maßnahmen empfohlen und umgesetzt werden. Eine dem Projekt nachgelagerte Prüfung wird insbesondere dem Kriterium der Nachvollziehbarkeit nur bedingt genügen, weil bereits die Anforderungen an die Dokumentationstiefe innerhalb einzelner Projektphasen nicht definiert sind.

> **Hinweis:**
> Die projektbegleitende Prüfung der Migration gemäß IDW PS 850 durch einen Wirtschaftsprüfer sollte sowohl für den Anwender als auch für den verantwortlichen Abschlussprüfer im beidseitigen Interesse sein. Im Rahmen einer projektbegleitenden Prüfung gilt es, das projektseitige Kontrollrisiko zeitnah zu analysieren und den Anwender ggf. auf wertvolle Maßnahmen zur Reduzierung des Kontrollrisikos hinzuweisen.

Für den Erfolg einer Systemmigration müssen seitens des Anwenders eine Reihe unterschiedlicher Kriterien beachtet werden.[24] Im Umkehrschluss lässt sich ableiten, dass deren nicht angemessene Beachtung zu Risiken innerhalb des Projektes führen könnte. Die Risiken lassen sich exemplarisch in folgende Bereiche gliedern:

- Ziele der Migration
- Strategische Risiken
- Projektrisiken (Vorgehensweise/Migrationsplanung)
- Rechtliche Risiken
- Wirtschaftliche Risiken
- Organisatorische Risiken
- Risiken des Betriebsmodells
- Qualitative Risiken

Für ein umfassendes Risikoverständnis des Migrationsprojektes sind Kenntnisse über die einzelnen Risikobereiche und die jeweiligen Projektphasen erforderlich. Dieses Verständnis kann ein Prüfer jedoch nicht im Rahmen der Jahresabschlussprüfung erlangen. Daher wird er vermutlich im Verlauf einer Jahresabschlussprüfung den Fokus auf die rechnungslegungsrelevanten Fehlerrisiken legen, die im Wesentlichen den Qualitativen Risiken zugeordnet werden können. Durch eine vorgelagerte projektbegleitende Prüfung gemäß IDW PS 850 können die Projektrisiken angemessen in der Prüfungsplanung berücksichtigt werden.

Nach einer kurzen Darstellung möglicher Risikobereiche einer Migration wird über die qualitativen Risiken bzw. die Fehlerrisiken die Verbin-

---

[24] Vgl. Migrationsleitfaden des Bundesministeriums des Inneren (BMI), Version 4.0 (2012).

dung zu den gängigen Prüfungsstandards IDW PS 261 und IDW PS 330 hergestellt.

3.2.1 Ziele der Migration

Zu Beginn der Migration sind die unmittelbaren Anforderungen an das Zielsystem zu definieren. Dies kann auf Basis von erkannten Schwachstellen, notwendigen Erweiterungen der Bestandssoftware oder betriebswirtschaftlichen oder strategischen Erfordernissen erfolgen. Wie unter den Chancen dargestellt, gehören zu den möglichen Migrationszielen eines SAP S/4HANA-Projektes:

- Vereinfachung der Funktionalität
- Vereinfachung der Datenstruktur
- Vereinfachte Benutzeroberflächen
- Vereinfachung von Analysen
- Verringerung der laufenden Kosten
- Erhöhung der Produktivität
- Bessere Nutzung vorhandener Ressourcen
- Umsetzung der Ordnungsmäßigkeit und Sicherheit
- Einhaltung strategischer Vorgaben
- Einhaltung rechtlicher Vorgaben.

Auf Grundlage der definierten Ziele können die einzelnen Risikogruppen analysiert werden. Eine fehlende Zieldefinition birgt das Risiko, dass wesentliche Ziele im weiteren Projektverlauf nicht berücksichtigt werden.

3.2.2 Strategische Risiken

Die Einführung von S4 HANA ist zweifellos eine strategische Entscheidung, die Auswirkungen auf die gesamte IT-Landschaft hat. Umfangreiche Investitionen und eine langfristige Bindung an SAP sind zwei wesentliche Aspekte, die in der Unternehmensstrategie Berücksichtigung finden müssen. Die mit der Migration angestrebten Ziele sollten bereits in der Initialisierungsphase des Migrationsprojektes umfangreich analysiert werden. Ein zentrales Ziel sollte dabei die Einhaltung der strategischen Vorgaben sein. Ist die Entscheidung für SAP S/4HANA einmal getroffen, gilt es, eine konkrete S/4HANA-Strategie zu entwickeln, in der wesentliche Aspekte des Transformationsprojektes strategisch geplant werden.

Neuimplementierung, Landschaftstransformation oder Konvertierung?

Die zentralste strategische Entscheidung betrifft die Auswahl eines wirtschaftlich sinnvollen Übergangsszenarios. Da die Ausgangsbasis für jedes Unternehmen individuell ist, muss die aktuelle Situation frühzeitig umfassend analysiert werden.[25] Wird noch kein SAP-System oder ein nicht unterstütztes SAP eingesetzt, muss die Entscheidung zwangsläufig für eine Neuimplementierung fallen. Wird SAP ERP 6.0 oder ein höheres Release eingesetzt, stehen grundsätzlich alle drei Übergangsszenarien nach SAP S/4HANA offen, die es angemessen gegeneinander abzuwägen gilt. Mit der Beantwortung der folgenden Fragen gilt es, im Rahmen einer IST-Aufnahme zu analysieren, inwieweit das Ausgangssystem bereits eine gute Basis für das Zielsystem bietet:

- Welche Ergebnisse geben die von SAP bereitgestellten Pre-Checks aus?
- Welchen Aufwand würde eine Anpassung der kundeneigenen Programme nach den Empfehlungen der Custom-Code-Analyse erfordern?
- Welche neuen Funktionen von SAP S/4HANA sollen genutzt werden?
- Inwieweit müssen existierende Prozesse angepasst werden?
- Welche Anteile der existierenden Landschaft sollen in welchem Zeitrahmen auf SAP S/4HANA umgestellt werden?

Zur Unterstützung der Analyse stellt SAP verschiedene Planungswerkzeuge zur Verfügung:

- SAP Innovation and Optimization Pathfinder
- SAP Transformation Navigator
- SAP Readiness Check

Mit diesen Werkzeugen können wesentliche Informationen zu Pre-Checks, Custom-Code-Analysen und künftigen Prozessen erhoben werden, um auf deren Basis die Entscheidung für das am besten geeignete Übergangsszenario fällen zu können.

Neben der endgültigen Entscheidung zum Übergangsszenario gibt aus Prüfersicht auch der Prozess der Entscheidungsfindung bereits einen Ein-

---

[25] Vgl. Densborn, Frank/Finkbohner, Frank/Freudenberg, Jochen/Mathäß, Kim/Wagner, Frank: Migration nach SAP S/4HANA. Bonn 2018, S. 561ff.

druck von der Angemessenheit der grundlegenden Analysen. In diesem Zusammenhang ließen sich erste Mängel innerhalb des Projektmanagements erfassen. Im Rahmen einer projektbegleitenden Prüfung könnten bereits erste Empfehlungen zur Risikoreduzierung gegeben werden.

3.2.3 Projektrisiken (Vorgehensweise/Migrationsplanung)

Zum Gelingen einer Migration trägt ein angemessenes Projektmanagement wesentlich bei. Die Wahl der richtigen Aufbauorganisation ist dabei ebenso wichtig wie ein standardisiertes Vorgehensmodell innerhalb des Projektes. Werden wesentliche Promotoren oder Opponenten nicht angemessen in der Projektorganisation berücksichtigt, kann dies bereits große Auswirkungen auf einen erfolgreichen Projektverlauf haben. Neben der Auswahl der Projektmitglieder ist auch die angemessene Verfügbarkeit zeitlicher Ressourcen ein zentraler Erfolgsfaktor.

Üblicherweise durchläuft jedes SAP S/4HANA-Projekt die folgenden Phasen:

1. Voranalyse und Planung
2. Blueprint-Dokument und Projektteamfindung
3. Testläufe
4. Produktivumstellung
5. Support nach dem Go-live

Während mit SAP Activate ein standardisiertes Vorgehensmodell seitens SAP entwickelt wurde (vgl. 5.2), stellt der Aufbau der Projektorganisation die Anwender regelmäßig vor große Herausforderungen.

Die folgende Abbildung zeigt eine exemplarische Projektorganisation.

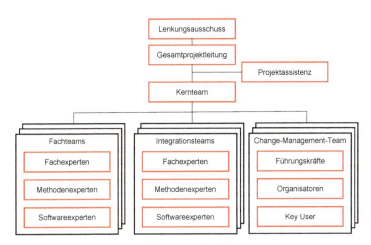

Abb. 3.4 Organisation eines ERP-Einführungsprojektes[26]

Eine frühzeitige Definition der Projektorganisation trägt wesentlich zum Projekterfolg bei. Hingegen deuten nicht definierte Strukturen und Verantwortlichkeiten auf einen Mangel innerhalb der Projektorganisation, der sich wesentlich auf den Erfolg des Projektes auswirken kann.

Die Migration muss in den Gesamtkontext des laufenden Regelbetriebes und der parallel laufenden IT-Projekte gestellt werden. Dabei muss analysiert werden, inwieweit es zu Ressourcenkonflikten bei den Projektbeteiligten kommen kann. Auch die angemessene Einplanung von Benutzern, etwa für die Test- und Schulungsphasen, ist notwendig, um auch weiterhin den Anforderungen des Regelbetriebs nachzukommen.

Hohe Ausfallzeiten und Integritätsverluste bei der Datenmigration sind durch angemessene Kontrollen zu verhindern.

Die Migration ist stets unter Berücksichtigung der sich aus den gesetzlichen Rahmenbedingungen ergebenden Risiken durchzuführen.

In diesem Zusammenhang sind im Wesentlichen steuerrechtliche, vertragsrechtliche und datenschutzrechtliche Risiken von Relevanz.

---

[26] Vgl. Hansmann, Holger ; Neumann, Stefan: Prozessorientierte Einführung von ERP-Systemen. In: Becker, Jörg (Hrsg.); Kugeler, Martin (Hrsg.); Rosemann, Michael (Hrsg.): Prozessmanagement: Ein Leitfaden zur prozessorientierten Organisationsgestaltung, 6. Auflage. Berlin: Springer, 2008, Seite 355.

3.2.4 Rechtliche Risiken

Steuerrechtliche Risiken

Zur Minimierung der steuerrechtlichen Risiken ist gesondert auf § 162 AO hinzuweisen, da bei Nichtbeachtung und entsprechenden Ordnungsmäßigkeitsverstößen Hinzuschätzungen drohen, was grundsätzlich die Bedrohung der wirtschaftlichen Existenz von Unternehmen herbeiführen kann. Neben einer potenziellen Aberkennung des Vorsteuerabzuges existieren weitere Risiken, die in Verbindung mit steuerrechtlichen Regelungen von Relevanz sind.

Steuerrechtliche Risiken, die es in Verbindung mit der Besteuerung einer Funktionsverlagerung ins Ausland zu berücksichtigen gilt, sind in der Funktionsverlagerungsverordnung (FVerlV) festgeschrieben. Weiterhin ist das Risiko einer Verhängung von Verzögerungsgeld im Sinne des § 146 Abs. 2b AO zu beachten, das bei Rückverlagerung unzulässiger Auslagerung der Buchführung ins Ausland drohen könnte.

Vertragliche Risiken

Vertragsrechtliche Risiken können insbesondere eine potenzielle Verzögerung des Betriebsablaufes begünstigen. Somit besteht die Gefahr, dass diese Auswirkungen auf Seiten des betroffenen Unternehmens eine Unterbrechung der Produktionsprozesse herbeiführen oder es kann zu einer vorübergehenden Stilllegung des Betriebes kommen, was beispielsweise unbeabsichtigte Auslieferungsstopps nach sich zieht.

Datenschutzrechtliche Risiken

Datenschutz ist im Zusammenhang mit der Verarbeitung personenbezogener Daten von besonderer Relevanz. Nicht nur sind vor dem Hintergrund der damit verbundenen drohenden Risiken die Dokumentations-, Informations- und Auskunftspflichten zu beachten, sondern sind darüber hinaus auch die seit der Einführung der EU-Datenschutzgrundverordnung (EU-DSGVO) diesbezüglich verbindlich zu erfüllenden Anforderungen gestiegen.

Neben der grundsätzlichen Ergreifung adäquater Maßnahmen zur Gewährleistung einer angemessenen Sicherheit der personenbezogenen Daten sind außerdem nach Artikel 13 und 14 EU-DSGVO jene Personen zu informieren, die von einer Verarbeitung ihrer Daten durch einen Dritten betroffen sind. Zusätzlich ist bei der Verarbeitung personenbezogener Daten der nach Artikel 5 Absatz 1 Buchstabe f der EU-Datenschutzgrundverordnung festgeschriebene Grundsatz der „Integrität und Vertraulichkeit" zu berücksichtigen. Unter Vertraulichkeit ist mithin zu verstehen, dass eine Verarbeitung der Daten erfolgt, die „Schutz vor unbefugter oder unrechtmäßiger Verarbeitung und vor unbeabsichtigtem Verlust, unbeabsichtigter Zerstörung oder unbeabsichtigter Schädigung durch geeignete technische und organisatorische Maßnahmen" sicherstellt/ermöglicht.[27]

Eine Nichteinhaltung der entsprechenden Vorgaben kann hohe Bußgelder zur Folge haben. Entsprechend hat der Gesetzgeber mittels einer gravierenden Anhebung des Dokumentationsaufwandes reagiert, zur Verhinderung der Verhängung der stark angehobenen Bußgelder im Falle von Verstößen gegen den Datenschutz. Seit der Neueinführung der DSGVO liegt das Strafmaß bei rund 10 bis 20 Mio. EUR oder – je nachdem, welcher Betrag höher ist – bei 2 bis 4 Prozent des weltweiten Jahresumsatzes.

Demnach bergen die genannten rechtlichen Risiken nicht nur die Gefahr des Eintritts möglicher Konsequenzen in Bezug auf potenzielle Rechtsfolgen bei Nichtbeachtung, sondern sie drohen auch, sich durch monetäre Einbußen bemerkbar zu machen. Im nachfolgenden Kapitel wird ein Überblick über wirtschaftliche Risiken geboten, deren Eintrittswahrscheinlichkeit es im Zusammenhang mit Migrationen zu beachten gilt.

3.2.5 Wirtschaftliche Risiken

Auch im Zuge der Durchführung von Migrationsprojekten gilt es, eine Entscheidung in Bezug auf Cloud-Sourcing bzw. IT-Outsourcing hinsichtlich der Nutzung von Cloud-Services zu treffen. Neben den entsprechenden Vor- und Nachteilen, die es in diesem Kontext zu berücksichtigen gilt, ist explizit auf das in diesem Zusammenhang besonders relevante Risiko des Eintritts eines sogenannten Lock-in-Effektes hinzuweisen.

Hiermit ist gemeint, dass nach Auslagerung der Daten von Dienstnehmer an Dienstgeber ungeklärte Eigentumsverhältnisse hinsichtlich der über-

---

[27] Art. 5 Abs. 1 lit. f DSGVO idF v. 27.04.2016.

tragenen Daten herrschen oder sogar fraglich ist, ob das beauftragte Unternehmen mit Abschluss der Datenübertragung Miteigentümer an den Daten geworden ist. In letztgenanntem Fall besteht einerseits das Risiko, dass hohe Gebühren durch die Nutzung der Software der Dienstanbieter entstehen, andererseits aber auch, dass nach Beendigung des Vertrages die gehaltenen Daten nicht vollständig rückübertragen werden. Dieser drohende Datenverlust birgt auch erhebliche wirtschaftliche Risiken.

Service-Level-Agreements (SLAs) dienen der Absicherung von Risiken, die aus der Nichterfüllung vereinbarter Qualitätsanforderungen resultieren. Es handelt sich dabei um schriftliche Vereinbarungen, die basal zur Nutzung jedweder IT-Services sind und sowohl Regelungen zu Rechten und Pflichten der Vertragsparteien als auch die an zu erbringende Leistungen gestellten Qualitätsanforderungen enthalten.

Prinzipiell sollte ein SLA drei Themengebiete abdecken und von einem entsprechenden Fachanwalt ausgearbeitet worden sein. Während der Teil *Foundation* sich der Formulierung von Kernprinzipen sowie relevanten Vertragsgrundlagen und Zielen, Begründungen und der Spezifikation von Prozessverantwortlichen widmet, sollte der Bereich *Change* Anweisungen zu Prozessen und Anpassungsmöglichkeiten geben. Der Teil *Governance* dient der Vereinbarung von administrativen Prozeduren, indem einerseits Key-Performance Indicators (KPI) und Strafen definiert und andererseits Verantwortlichkeiten im Kommunikationsprozess festgelegt werden. So soll insgesamt eine Beurteilung des Wertes, der durch die Outsourcing-Beziehung geschaffen wird, für beide Seiten sichergestellt werden, darüber hinaus aber auch, dass vorab getroffene Absprachen in Bezug auf die gemeinsame Ausrichtung und Vorgehensweise eingehalten werden.

Weitere Qualitätsanforderungen, die unter dem Themenbereich *Foundation* von SLAs abzubilden sind, sofern diese in Bezug auf die Leistung relevant sind, lassen sich nicht-funktionalen Anforderungen zuordnen. Dabei handelt es sich um Verfügbarkeit, Performance, Nutzungsintensität sowie Sicherheit, Nutzungsgebühren und Verortung.[28] Relevante Aspekte im Zusammenhang mit funktionalen Anforderungen sind Ein- und Aus-

---

[28] Vgl. Vossen, Gottfried/Haselmann, Till/Hoeren, Thomas: Cloud Computing für Unternehmen – Technische, wirtschaftliche, rechtliche und organisatorische Aspekte. Heidelberg 2012, S. 114ff.

gabedaten, Vor- und Nachbedingungen und das Antwortverhalten sowie das Verhalten im Fehlerfall.[29] Insgesamt gilt es, die Aushandlung von SLAs stets im Hinblick auf Kosten-Nutzen-Abwägungen vorzunehmen.

Weitere Risiken können sich ebenso durch die Wahl des Outsourcing-Anbieters ergeben. Von besonderer Relevanz ist in diesem Zusammenhang der Grad der Abhängigkeit, in der das entsprechende Unternehmen und damit das Migrationsprojekt zu dem IT-Outsourcing-Anbieter steht. Das aus der Abhängigkeit resultierende Risiko wird zum einen maßgeblich durch die Zuverlässigkeit und Vertrauenswürdigkeit des Leistungserbringers beeinflusst, zum anderen aber auch durch die Eintrittswahrscheinlichkeit eines sogenannten Vendor-Lock-ins, was wiederum zur Folge hat, dass durch die Nutzung anbieterspezifischer Technologien ein Ausschluss der Möglichkeit einer Aufteilung der nachgefragten Leistung auf mehrere Anbieter besteht. Das zugleich bestehende Risiko, aufgrund der starken Abhängigkeit Opfer einer Erpressung durch den IT-Outsourcing-Anbieter zu werden, lässt sich durch die anbieterübergreifende Etablierung geeigneter Standards reduzieren.

Als weitere potenzielle Kostentreiber sind der Verlust von Know-how sowie der Aufbau eines Outsourcing-Managements zu nennen.

3.2.6 Organisatorische Risiken

Die Migration auf SAP S/4HANA wird sich auch auf die Endanwender und den IT-Regelbetrieb auswirken. Daher gilt es im Vorfeld der Migration zu analysieren, welche Stakeholder und welche Prozesse betroffen sind, um u. a. den Risiken frustrierter Mitarbeiter bzw. nicht definierter Änderungsprozesse mit entsprechenden Maßnahmen begegnen zu können. Durch ein definiertes Änderungsmanagement, das neben einer angemessenen Einbindung des Managements, Planungs-, Kommunikations- und Schulungskonzepte voraussetzt, gilt es, die Risiken zu steuern, die sich u. a. ergeben können aus:

- neuen Anforderungen an den IT-Service,
- noch nicht vorhandenem Wissen für neue Technologien,
- veränderte Betriebsprozesse,

---

[29] Vgl. Vossen, Gottfried/Haselmann, Till/Hoeren, Thomas: Cloud Computing für Unternehmen – Technische, wirtschaftliche, rechtliche und organisatorische Aspekte. Heidelberg 2012, S. 116-117.

- neue Aufgaben, Wegfall von Aufgaben,
- Verlagerung des Rechenzentrums,
- zusätzliche Arbeitsbelastung,
- parallel laufenden Projekten. [30]

3.2.7 Risiken des Betriebsmodells

Neben der Entscheidung zum Übergangsszenario ist die Wahl des künftig angestrebten Betriebsmodells von strategischer Bedeutung und somit mit langfristigen Konsequenzen verbunden. Die unterschiedlichen Betriebsmodelle sind in Abschnitt 2.2 dargestellt. Der offensichtlichste Unterschied zwischen den On-Premise- und den Cloud-Editionen ist der Umstand, dass der Kunde die On-Premise-Editionen von SAP S/4HANA selbst betreibt, wartet und administriert, während dies in der Public Cloud Edition durch SAP erfolgt.[31] Die Public Cloud Edition ist als SaaS-Betriebsmodell erhältlich. Betrieben werden alle SAP S/4HANA-Cloud-Editionen in unterschiedlichen Rechenzentren, die weltweit in unterschiedlichen Ländern und Regionen verteilt sind. Die unterschiedlichen Betriebsmodelle müssen unter Risikogesichtspunkten gegeneinander abgewogen werden. Dabei wird es zu Überschneidungen mit weiteren Risikogruppen, wie strategischen, rechtlichen oder wirtschaftlichen Risiken, kommen. Während bei der Entscheidung für das SaaS-Betriebsmodell die Vertragsgestaltung mit SAP im Fokus steht, so sollte bei einer Entscheidung für die On-Premise-Edition die eigene IT-Organisation im Fokus der Analyse stehen.

3.2.8 Qualitative Risiken

Neben der Umsetzung der Ordnungsmäßigkeit und Sicherheit ist für den Erfolg einer Migration auch die Zufriedenheit der Benutzer ein nicht zu unterschätzender Indikator, der mögliche Rückschlüsse etwa auf Risiken bzgl. der Zuverlässigkeit oder der Benutzerfreundlichkeit des Systems zulässt. Auch die künftige Wartungsfähigkeit und Erweiterbarkeit des Systems sind Kriterien, die innerhalb einer Risikoanalyse berücksichtigt werden sollten.

---

[30] Vgl. Migrationsleitfaden des Bundesministeriums des Inneren (BMI), Version 4.0 (2012).
[31] Vgl. Densborn, Frank/Finkbohner, Frank/Freudenberg, Jochen/Mathäß, Kim/Wagner, Frank: Migration nach SAP S/4HANA. Bonn 2018, S. 109ff.

Von zentraler Bedeutung aus Prüfersicht sind die Risiken für wesentliche rechnungslegungsrelevante Fehler. In Bezug auf das Migrationsprojekt sind das insbesondere die IT-Fehlerrisiken.

IT-Fehlerrisiken

Die mit der konkreten Ausgestaltung des IT-Systems einhergehenden Risiken für wesentliche Fehler in der Rechnungslegung werden als IT-Fehlerrisiken bezeichnet.[32] Im weiteren Verlauf werden wir daher den Fokus auf die IT-Fehlerrisiken legen. Anhand der Komponenten des Prüfungsrisikos lassen sich zunächst die Auswirkungen einer Migration ableiten.

Abb. 3.5 Fehlerrisiko der Abschlussprüfung nach IDW PS 261

Da mit dem Projekt und den damit verbundenen Anwendungsmigrationen bezüglich Hardware, Software und Daten auch wesentliche Veränderungen der IT-gestützten Geschäftsprozesse und des internen Kontrollsystems einhergehen, müssen Aufbau und Wirksamkeit des internen Kontrollsystems erneut kritisch gewürdigt werden.

Mit einer kritischen Grundhaltung muss davon ausgegangen werden, dass sich die Migration auf das inhärente IT-Fehlerrisiko in den einzelnen Prüffeldern zunächst negativ auswirkt. Daher muss im Rahmen der Migration die Angemessenheit und Wirksamkeit der projektseitigen Kontrollen und der implementierten Kontrollen innerhalb der IT-gestützten Geschäftsprozesse erneut geprüft werden. Da die Entscheidung zum Betriebsmodell sich wesentlich auf die IT-Organisation und die IT-Infrastruktur auswirkt, müssen auch die damit verbundenen Risiken und Kontrollen erhoben und beurteilt werden.

In Summe kann festgehalten werden, dass durch die Migration sämtliche Elemente des rechnungslegungsrelevanten IT-Systems betroffen

---

[32] Vgl. IDW PS 261, Tz. 6.

sind. Um dabei den Fokus auf die wesentlichen Risiken zu legen, ist es hilfreich, zunächst einen Überblick über die Risiken zu gewinnen. Die Prüfungsgebiete des IDW PS 330 können dabei als Grundlage dienen:

- IT-Umfeld
- IT-Organisation
- IT-Infrastruktur
- IT-Anwendungen
- IT-gestützte Geschäftsprozesse
- IT-Überwachungssystem
- IT-Outsourcing

Fehlerrisiken setzen sich zusammen aus inhärenten Risiken und Kontrollrisiken.[33] Mit dem inhärenten Risiko wird die Anfälligkeit eines Prüfungsgebietes für das Auftreten von wesentlichen Fehlern bezeichnet, ohne Berücksichtigung des internen Kontrollsystems. Kontrollrisiken stellen die Gefahr dar, dass Fehler, die in Bezug auf ein Prüfungsgebiet wesentlich sind, nicht durch Kontrollen des Unternehmens verhindert oder aufgedeckt und korrigiert werden.

Inhärente Risiken

Inhärente IT-Risiken liegen dann vor, wenn durch den Einsatz eines IT-Systems Fehler auftreten können, die Auswirkungen auf die Ordnungsmäßigkeit der Rechnungslegung haben. Sie können sich im Einzelnen auf die korrekte Ausgestaltung des Buchführungsverfahrens, auf die Richtigkeit der rechnungslegungsrelevanten Programmabläufe und Verarbeitungsregeln sowie auf die Sicherheit der rechnungslegungsrelevanten Daten beziehen.[34]

Zur Beurteilung der inhärenten Risiken verweist der IDW PS 330 auf folgenden Risikoindikatoren:

- Risikoindikator „Abhängigkeit"
- Risikoindikator „Änderungen"
- Risikoindikator „Know-how und Ressourcen"
- Risikoindikator „Geschäftliche Ausrichtung"

---

[33] Vgl. IDW PS 330, Tz. 16.
[34] Vgl. IDW PS 330, Tz. 17.

Mithilfe der folgenden Tabelle können die Auswirkungen einer Migration auf die inhärenten Risiken dargestellt werden:

	Abhängigkeit	Änderungen	Know-how/ Ressourcen	Geschäftliche Ausrichtung
IT-Umfeld	Starke Abhängigkeit von SAP	Ungenügende Unterstützung der Unternehmensführung	Ungenügendes Bewusstsein für IT-/Org-Themen, unzureichende Freistellung der Key-User aus dem Tagesgeschäft	Mangelhafte Ausrichtung der IT auf Geschäftsstrategien und Prozessanforderungen
IT-Organisation	Unzureichende Kontrollmöglichkeiten von Dienstleistern	Unzureichendes Projektmanagement, Zeit- und Kostenüberschreitungen	Überlastungen, fehlerhafte Aufgabenabwicklung, ungenügendes Know-how	Ungenügende Anpassung der Richtlinien und Verfahren, Aufgaben und Kompetenzen
IT-Geschäftsprozesse	Abläufe sind komplex und damit fehleranfällig	Hohe Komplexität neuer Prozesse, unzureichende Prozessdokumentation, fehlende Akzeptanz der Benutzer, Schnittstellen	Unzureichende Unterstützung der Benutzer, fehlende Anforderungsdokumentation, fehlende Verfahrensdokumentation	Langsame, ineffiziente und fehlerhafte Aufgabenabwicklung
IT-Anwendungen	Ausfälle gefährden Kernprozesse und Geschäftsabwicklung	Neue Funktionalität, Eingabe- und Bearbeitungsfehler, unangemessene Parametrisierung	Fehlerhafte Anwendungsentwicklung/-betreuung, unzureichendes Testverfahren	Geringe Unterstützung der Markt- und Benutzeranforderungen
IT-Infrastruktur	Unzureichende Gestaltung des Outsourcings erhöht die Abhängigkeit von Dritten	Komplexe neue Technologien, Sicherheitslücken	Unzureichende Pflege und Fehlbedienung, Sicherheitslücken	Zunehmende Bedrohungen von außen, Hackerangriffe

	Abhängigkeit	Änderungen	Know-how/ Ressourcen	Geschäftliche Ausrichtung
Daten	Umfang, Inhalt und Aktualität	Migration Hauptbuch, Nebenbücher, Stammdaten, Archivierung von Altdaten	Auswertungen, Analysen	Entscheidungsrelevanz

Tab. 3.2 Auswirkungen einer Migration auf die inhärenten Risiken

Im Verlauf einer projektbegleitenden Prüfung gilt es zu analysieren, ob und wie den dargestellten inhärenten Risiken mit angemessenen Kontrollmaßnahmen begegnet wurde, um zu einer Einschätzung des für die weitere Prüfungsplanung notwendigen IT-Fehlerrisikos zu gelangen. Dabei muss die Analyse des rechnungslegungsrelevanten IT-Kontrollsystem um wesentliche Kontrollen innerhalb des Migrationsprojektes ergänzt werden.

Kontrollrisiken

Die beispielhaft dargestellten Risikoindikatoren auf Unternehmens- und Prüffeldebene können das Entstehen von IT-Fehlerrisiken begründen, die sich als IT-Infrastruktur-, IT-Anwendungs- und IT-Geschäftsprozessrisiken konkretisieren.[35]

IT-Infrastrukturrisiken bestehen darin, dass die für die Informationsverarbeitung notwendige IT-Infrastruktur nicht bzw. nicht in dem erforderlichen Maße zur Verfügung steht. Ursache kann die Anfälligkeit der Hardware für technische Störungen sein. Risiken der IT-Infrastruktur müssen durch ein auf das Bedürfnis des Unternehmens gerichtetes Sicherheitskonzept und die daraus abgeleiteten technischen und organisatorischen Kontrollen bewältigt werden.

IT-Anwendungsrisiken entstehen aus:

- fehlerhaften Funktionen innerhalb SAP S/4HANA (diese betreffen sowohl Verarbeitungsfunktionen, die auf die Erfüllung der Journal-, Konten- und Belegfunktion gerichtet sind, als auch sonstige Programmabläufe und Verarbeitungsregeln, die rechnungslegungsrelevant sind)

---

[35] Vgl. IDW PS 330, Tz. 20ff.

- fehlenden oder nicht aktuellen Verfahrensregelungen und -beschreibungen
- unzureichend ausgeprägten Eingabe-, Verarbeitungs- und Ausgabekontrollen von Daten
- nicht ausreichenden Maßnahmen zur Gewährleistung der Softwaresicherheit im Zusammenhang mit der Sicherheitsinfrastruktur (unzureichende Zugriffsberechtigungskonzepte und Datensicherungs- und Wiederanlaufverfahren).

IT-Geschäftsprozessrisiken entstehen, wenn sich Sicherheits- und Ordnungsmäßigkeitsanalysen nicht auf Geschäftsprozesse erstrecken, sondern nur auf die Kontrollelemente einer funktional ausgerichteten Organisation. Dabei können Risiken aus dem geschäftsprozessbedingten Datenaustausch zwischen einem Personalabrechnungssystem und SAP S/4HANA, etwa unzureichende Transparenz der Datenflüsse, unzureichende Integration der Systeme oder mangelhafte Abstimm- und Kontrollverfahren in Schnittstellen zwischen Teilprozessen, nicht erkannt werden. Es besteht die Gefahr, dass IT-Kontrollen, bspw. durch Zugriffsrechte und Datensicherungsmaßnahmen, nur hinsichtlich der Teilprozesse, nicht jedoch hinsichtlich der Gesamtprozesse wirksam werden.

IT-Fehlerrisiken können auch aus der Kombination von IT-Infrastruktur-, IT-Geschäftsprozess- und IT-Anwendungsrisiken entstehen und damit zu sachlich falschen rechnungslegungsrelevanten Daten oder Verarbeitungsergebnissen und zu wesentlichen Fehlern in der Rechnungslegung führen.

4 Regulatorische Anforderungen

Die regulatorischen Anforderungen können zum einen direkt aus Gesetzen abgeleitet werden. Zum anderen gehören Standards und Best Practices zu den zentralen Quellen regulatorischer Anforderungen.

Während die Einhaltung der gesetzlichen Anforderungen zwingend auf Seiten des betreffenden Unternehmens sicherzustellen ist, gilt die Orientierung an Best Practices sowie die Berücksichtigung und Einhaltung branchenspezifischer Standards als Maßstab einer angemessenen Umsetzung.

4.1 Gesetzliche Anforderungen

4.1.1 HGB

Mit den Grundsätzen ordnungsgemäßer Buchführung sind im Handelsgesetzbuch (HGB) allgemein gültige Regeln und damit die wichtigsten Richtlinien zur Buchführung festgeschrieben. Zwar handelt es sich hierbei um einen unbestimmten Rechtsbegriff, da keine diesbezügliche Legaldefinition existiert, aber es sind in einschlägigen Paragraphen Konkretisierungen vorgenommen worden, die den anwendungsbezogenen Einsatz der Abgrenzungsgrundsätze zum Zeitpunkt der Erfassung von Aufwendungen und Erträgen sowie Gewinnen und Verlusten zulassen. In §§ 238 ff. und 257 HGB sind die Grundsätze ordnungsgemäßer Buchführung zu finden. Diese lauten wie nachfolgend aufgeführt.

- Grundsatz der Richtigkeit und Willkürfreiheit (§ 239 Abs. 2 HGB)
- Grundsatz der Klarheit und Übersichtlichkeit (§ 238 Abs. 1 S. 2 HGB, § 243 Abs. 2 HGB)
- Grundsatz der Vollständigkeit (§ 239 Abs. 2 HGB, § 246 Abs. 1 HGB)
- Belegprinzip (§ 238 Abs. 1 S. 2 und 3 HGB)
- Grundsatz der Ordnungsmäßigkeit (§ 239 HGB)

Die im Zusammenhang mit Migrationsprojekten erfolgende elektronische Datenverarbeitung und damit einhergehende Datentransfers setzen die tiefergehende Auseinandersetzung mit den spezifischen Regelungen zur Sicherstellung der Ordnungsmäßigkeit und Sicherheit im Rahmen der Führung und Aufbewahrung von Büchern, Aufzeichnungen und Unterlagen in elektronischer Form sowie zum Datenzugriff als Konkretisierung der oben aufgeführten Grundsätze voraus. Es handelt sich dabei um die Grundsätze zur ordnungsmäßigen Führung und Aufbewahrung von Büchern, Aufzeichnungen und Unterlagen in elektronischer Form sowie zum Datenzugriff (GoBD).

4.1.2 GoBD

Die durch das Bundesfinanzministerium (BMF – Bundesministerium der Finanzen) verabschiedeten Grundsätze zur ordnungsmäßigen Führung und Aufbewahrung von Büchern, Aufzeichnungen und Unterlagen in elektronischer Form sowie zum Datenzugriff (GoBD) gelten als zentrale Anforderungen, die aus der Perspektive der Finanzverwaltung an IT-gestützte Prozesse zu stellen sind.

Besonders relevant sind in diesem Zusammenhang § 145 Absatz 1 AO und § 238 Absatz 1 Satz 2 und 3 HGB, da hierin das Belegprinzip festgeschrieben ist, das auch dann einzuhalten ist, wenn IT-Systeme zur Datenverarbeitung eingesetzt werden. Insbesondere im Hinblick auf die elektronische Verarbeitung ist Voraussetzung, dass die bei Verarbeitung einzelner Geschäftsvorfälle angewandten Buchführungs- oder Aufzeichnungsverfahren nachvollziehbar sind. Eine entsprechende Beschaffenheit der Aufzeichnungen, die es einem sachverständigen Dritten erlaubt, sich „innerhalb angemessener Zeit einen Überblick über die Geschäftsvorfälle und über die Lage des Unternehmens"[36] zu verschaffen und entsprechend eine lückenlose Verfolgung der einzelnen Geschäftsvorfälle in ihrer Entstehung und Abwicklung ermöglicht, ist im Hinblick auf die Besteuerung unerlässlich.

Das Ziel dabei ist, eine Verfahrensdokumentation zu konzipieren, die eine inhaltlich und zeitlich lückenlose Dokumentation von System- bzw. Verfahrensänderungen ermöglicht, um somit eine Prüfung der Nachvollziehbarkeit und Nachprüfbarkeit durchführen zu können. Erforderlich ist darüber hinaus, dass die entsprechende Verfahrensdokumentation aussagefähig und aktuell ist und sich aus ebendieser erschließt, wie die in den GoBD dokumentierten Ordnungsvorschriften Beachtung finden. Letztlich muss die Verfahrensdokumentation verständlich und damit das Verfahren für einen sachverständigen Dritten in angemessener Zeit nachprüfbar sein.

---

[36] BMF, 2019, S. 10 (Ziff 32) (https://www.bundesfinanzministerium.de/Content/DE/Downloads/BMF_Schreiben/Weitere_Steuerthemen/Abgabenordnung/2019-11-28-GoBD.pdf?__blob=publicationFile&v=12).

4.1.3 AO

In der Abgabenordnung (AO) sind, im Gegensatz zu den speziellen Steuergesetzen, allgemeine Vorschriften sowie grundsätzliche Regeln zum Steuer- und Abgabenrecht festgeschrieben. Als sogenanntes Mantelgesetz sind hierin grundsätzlich Vorschriften zur Durchführung des Besteuerungsverfahrens und damit elementare Regelungen zu Steuererklärungs- und Buchführungspflichten enthalten und demzufolge auch die Rechte und Pflichten sowohl des Steuerpflichtigen als auch der Steuerbehörde präzisiert.

Besonders relevant sind im Zusammenhang mit Migrationsprojekten, die im Vorfeld einer Jahresabschlussprüfung erfolgen, §§ 145 bis 147 AO. Während in § 145 allgemeine Anforderungen an die Buchführung und Aufzeichnungen definiert sind, werden in § 146 entsprechende Ordnungsvorschriften konkretisiert. In § 146a AO ist die konkrete Ordnungsvorschrift für die Buchführung und für Aufzeichnungen mittels elektronischer Aufzeichnungssysteme und damit die Verordnungsermächtigung inklusive des herzustellenden Schutzes vor Manipulationen an digitalen Grundaufzeichnungen festgeschrieben.

4.1.4 BSIG

Mit dem Gesetz über das Bundesamt für Sicherheit in der Informationstechnik (BSI-Gesetz bzw. BSIG), das zuletzt im Jahr 2019 geändert wurde, wurden Vorgaben zur Schaffung von Sicherheitsvorkehrungen zur Einhaltung entsprechender Sicherheitsziele konkretisiert. Während die Sicherheitsziele nach § 2 Abs. 2 BSIG im Wesentlichen die Verfügbarkeit, Integrität oder Vertraulichkeit von Informationen betreffen, sollen die Sicherheitsvorkehrungen hinsichtlich IT-Systemen, IT-Komponenten, IT-Prozessen oder der Anwendung ebendieser getroffen werden.

4.1.5 EU-DSGVO

Der Anwendungsbereich der europäischen Datenschutz-Grundverordnung (DSGVO umfasst die ganz oder teilweise automatisierte sowie die nichtautomatisierte Verarbeitung von personenbezogenen Daten, die in einem Dateisystem gespeichert sind oder gespeichert werden. Personenbezogene Daten sind nach § 3 Abs. 1 BDSG (Bundesdatenschutzgesetz) alle „Einzelangaben über persönliche oder sachliche Verhältnisse einer bestimmten oder bestimmbaren natürlichen Person", also beispielsweise Name, Alter, Familienstand, Geburtsdatum, Anschrift, Telefonnummer, E-Mail-Adresse, Kontonummer, Personalausweisnummer, Sozialversicherungsnummer, Krankendaten und Zeugnisse. Hiermit wurde als Kernstück auch die sogenannte Rechenschaftspflicht für sämtliche Verantwortliche eingeführt.

Nach § 5 DSGVO ist umfassend Rechenschaft abzulegen über die Grundsätze

- der Rechtmäßigkeit,
- der Angemessenheit,
- der Verarbeitung nach Treu und Glauben,
- der Transparenz,
- der (strengen) Zweckgebundenheit,
- der Datensparsamkeit,
- der Richtigkeit,
- der Speicherzeitbegrenzung und
- der Integrität und Vertraulichkeit

der Datenverarbeitung.

Die entsprechenden Personen haben somit darzulegen und notfalls zu beweisen, dass innerhalb der betrieblichen Organisation alles unternommen worden ist, um Verstöße gegen die vorgenannten Grundsätze zu vermeiden.

Dies gilt es nach Art. 32 DSGVO auch hinsichtlich der Ergreifung technischer und organisatorischer Maßnahmen zu beachten. Neben den bestehenden Sicherheitszielen für die Datenverarbeitung – Verfügbarkeit, Integrität und Vertraulichkeit – ist zur Rechtswahrung der Betroffenen nun auch das Kriterium der Belastbarkeit Teil der technischen und organisatorischen Maßnahmen, die ein Verantwortlicher oder Auftragsverarbeiter zu treffen hat, um Daten jederzeit so zu verarbeiten, dass sie stets nur durch den jeweiligen Berechtigten eingesehen (sogenanntes „Need-to-know-Prinzip") und durch Dritte nicht geändert werden können.

Weiterhin sind Verarbeitungsvorgänge so zu organisieren, dass sie auch in Zeiten erhöhten Zugriffs in einem angemessenen Zeitraum verarbeitet werden können. Neu ist im Rahmen der technischen und organisatorischen Maßnahmen außerdem, dass die IT-Sicherheit risikobezogen zu gewährleisten ist. Der Schutzbedarf von personenbezogenen Daten orientiert sich an einer Risikobewertung, in deren Rahmen der drohende Schaden sowie die Eintrittswahrscheinlichkeit festzulegen sind. Da ferner Daten grundsätzlich nur innerhalb der Europäischen Union verarbeitet werden dürfen, sind insbesondere sogenannte „Cloud-Lösungen" auf den Prüfstand zu stellen.

4.2 Standards

Im Zusammenhang mit Migrationsprojekten können insbesondere die folgenden IDW Prüfungsstandards und Stellungnahmen zur Rechnungslegung des Fachausschusses für die Informationstechnologie zur Anwendung gelangen, die je nach Prüfungsschwerpunkt ergänzt werden können um gängige Standards zur Informationssicherheit (ISO-27000-Reihe), zum IT-Grundschutz sowie zum IT-Servicemanagement (ISO 20000):

- IDW PS 330 – Abschlussprüfung bei Einsatz von Informationstechnologie
- IDW PS 850 – Projektbegleitende Prüfung bei Einsatz von Informationstechnologie
- IDW PS 860 – IT-Prüfung außerhalb der Abschlussprüfung
- IDW PS 951 – Prüfung des internen Kontrollsystems bei Dienstleistungsunternehmen
- IDW RS FAIT 1 – Grundsätze ordnungsmäßiger Buchführung bei Einsatz von Informationstechnologie
- IDW RS FAIT 2 – Grundsätze ordnungsmäßiger Buchführung bei Einsatz von Electronic Commerce
- IDW RS FAIT 3 – Grundsätze ordnungsmäßiger Buchführung beim Einsatz elektronischer Archivierungsverfahren
- IDW RS FAIT 4 – Anforderungen an die Ordnungsmäßigkeit und Sicherheit IT-gestützter Konsolidierungsprozesse
- IDW RS FAIT 5 – Grundsätze ordnungsmäßiger Buchführung bei Auslagerung von rechnungslegungsrelevanten Prozessen und Funktionen einschließlich Cloud Computing.

ISO 20000

In dem Standard ISO 20000, der zuletzt mit der Version 2011 modifiziert wurde, sind Anforderungen festgeschrieben, die an ein professionelles IT-Service-Management gestellt werden. Der Standard ist in fünf Teile gegliedert (20000-1 bis 20000-5).

ISO 27000

ISO 27000 besteht aus einer Reihe von Standards, die den Bereich IT-Sicherheit betreffen. Besonders relevant sind in diesem Zusammenhang ISO 27001 (kompatibles Vorgehensmodell zum IT-Standard) und ISO 27002 (seit 2005, vormals ISO 17799). Während es sich bei dem Standard ISO 27001 um ein risikobasiertes Vorgehensmodell handelt, das Vorgaben zur Erstellung eines Information-Security-Management-Systems (ISMS) umfasst, sind in dem ISO 27002 konkrete Kontrollmaßnahmen für die IT-Sicherheit beschrieben.

IT-Grundschutz

Bei dem IT-Grundschutz des Bundesamts für Sicherheit und Informationstechnik (BSI) handelt es sich um eine systematische Vorgehensweise zur Identifikation und Umsetzung adäquater Sicherheitsmaßnahmen sowie eine Wissensdatenbank mit IT-Grundschutz-Katalogen. Die Anwendung/Nutzung der entsprechenden Methodik dient der Erhöhung des Niveaus der Informationssicherheit in Unternehmen jeglicher Größenordnung.

Das im Jahre 2017 veröffentlichte IT-Grundschutz-Kompendium, welches in strukturierter und verschlankter Form die vormalige Methodik des BSI-Standards und der IT-Grundschutz-Kataloge abgelöst hat, entspricht mithin dem modernisierten IT-Grundschutz. Das Kompendium unterstützt beim Aufbau eines Informations-Sicherheits-Management-Systems (ISMS).

In der nachfolgenden Abbildung wird ein Überblick über die entsprechenden Bestandteile der Veröffentlichungen des BSI geboten.

Standards

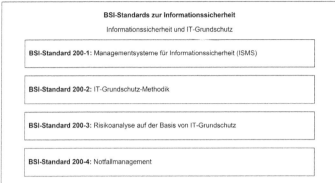

Abb. 4.1: Übersicht über die BSI-Publikationen zum IT-Sicherheitsmanagement

Der BSI-Standard 200-1 regelt die Anforderungen, die an ISMS gestellt werden. Hierin stehen Methoden zur Initiierung, Steuerung und Überwachung der Informationssicherheit im Fokus. Er ist kongruent zum ISO-Standard 27001 sowie den weiteren oben genannten ISO-Standards. Mit dem BSI-Standard 200-2 wurden im Wesentlichen drei neue Vorgehensweisen bezüglich der Implementierung eines ISMS in der Praxis festgelegt.

Während die beiden vorgenannten Standards den Rahmen für den Aufbau eines Informationssicherheitsmanagementsystems bieten, beinhaltet der BSI-Standard 200-3 ergänzend eine Methodik, mit welcher der Handlungsbedarf für sicherheitsrelevante Komponenten ermittelt werden kann, der über den normalen Schutzbedarf des IT-Grundschutzes hinausgeht.

Mit dem BSI-Standard 200-4 wird systematisch aufgezeigt, wie ein Notfallmanagement in einem Unternehmen aufgebaut werden kann, um die Kontinuität des Geschäftsbetriebs dahingehend sicherzustellen, dass die wichtigsten Geschäftsprozesse bei Ausfall schnell wieder aufgenommen werden können.

4.3 Best Practices

4.3.1 COBIT 5

Bei Cobit 5 handelt es sich um die aktuellste Generation eines umfassenden IT-Governance- und Management-Rahmenwerks, das von der Information Systems Audit and Control Association (ISACA) entwickelt wurde. Die ISACA ist ein internationaler Berufsverband der IT-Revisoren, IT-Sicherheitsmanager und IT-Governance-Experten und wurde mit dem Ziel gegründet, Leitlinien für die Steuerung und Kontrolle der IT eines Unternehmens zu entwickeln und anzubieten. COBIT 5 richtet sich nicht nur an die IT, sondern stellt auch ein Rahmenwerk für die Unternehmensleitung zur Verfügung. Die hiermit verfolgten Prinzipien sind in der nachfolgenden Abbildung dargestellt.

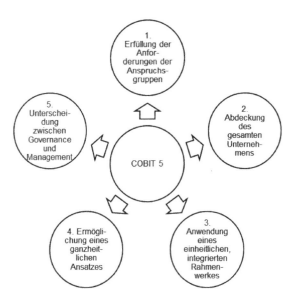

Abb. 4.2 COBIT-5-Prinzipien (Quelle: ISACA)

Prinzip 1 besagt, dass sich die IT an den Anforderungen der Anspruchsgruppen ausrichten sollte, die sich letztendlich in den Unternehmenszielen widerspiegeln. Das Ziel der Unternehmensleitung bzw. der IT-Steuerung muss es sein, den Nutzen des IT-Einsatzes zu einem effizienten Kosteneinsatz unter Berücksichtigung der IT-Risiken zu realisieren.

In Prinzip 2 ist festgeschrieben, dass COBIT 5 nicht nur Prozesse innerhalb der IT-Abteilung behandelt, sondern auch Informationen und die unterstützenden Technologien als Ressourcen betrachtet, mit denen sich jeder im Unternehmen befassen muss.

Prinzip 3 besagt, dass COBIT 5 zahlreiche IT-bezogene Standards und Best-Practice-Ansätze wie die IT Infrastructure Library (ITIL) und ISO-Standards integriert. Dabei sollen diese nicht etwa substitutiv, sondern komplementär innerhalb des übergeordneten Rahmenwerks COBIT hinzugezogen werden.

Da verschiedene Komponenten, die sich gegenseitig beeinflussen, zusammenwirken müssen, um die Implementierung eines umfassenden Governance- und Managementsystems für die IT zu unterstützen, lautet Prinzip 4, dass ein ganzheitlicher Ansatz die Voraussetzung für ein effizientes und effektives Management der Unternehmens-IT darstellt. Mittels der in COBIT 5 definierten sieben Komponenten bzw. „Enabler" (Befähiger, Möglichmacher) wird insgesamt dafür Sorge getragen, dass die erwarteten Ziele erreicht werden.

Prinzip 5 besagt, dass zwischen Governance und Management der IT zu unterscheiden ist. Während Governance sicherstellt, dass die Anforderungen, Rahmenbedingungen und Möglichkeiten der Anspruchsgruppen evaluiert werden, mit dem Ziel ausgewogene und vereinbarte Unternehmensziele zu bestimmen, plant, erstellt, betreibt und überwacht das Management die Aktivitäten im Rahmen der von der Governance vorgegebenen Richtung, um die Unternehmensziele zu erreichen.

5 Vorgehensmodell anhand einer Migration auf SAP S/4HANA

Der Umstieg von SAP ERP auf SAP S/4HANA ist, wie bereits mehrfach erwähnt, kein einfaches Vorhaben. Hierbei handelt es sich vielmehr um eine komplexe Systemumstellung, die alle Aspekte einer Anwendungsmigration, wie Hard- und Software- sowie Datenmigration, beinhaltet. Aus den genannten Gründen ist eine ausgiebige Analyse- und Planungsphase vor dem eigentlichen Wechsel unumgänglich. Das alte System fit für die Migration zu machen, bedeutet einen mindestens so großen, wenn nicht sogar größeren Aufwand als der eigentliche Wechsel.

Es gibt jedoch nicht nur den einen Weg nach S/4HANA, da jedes Unternehmen auf andere Prozesse angewiesen ist und mit verschiedenen Systemen, die sich auf einem unterschiedlichen Stand befinden, arbeitet.

5.1 Projektansätze: Neueinführung (Green Field) vs. Systemkonvertierung (Brown Field)

Für die Implementierung von SAP S/4HANA gibt es grundsätzlich zwei unterschiedliche Arten von Anwendern und Projekten. Neukunden sind Kunden, die derzeit noch kein ERP-System der SAP haben, aber nun S/4HANA einführen möchten. Für einen Neukunden ist eine komplette Neuimplementierung von SAP S/4HANA notwendig. Bestandskunden verfügen hingegen bereits über mindestens ein SAP-ERP-System und haben den Wechsel auf S/4HANA als Zielsetzung. Für diesen Umstieg von SAP ERP auf S/4HANA gibt es wiederum verschiedene Ansätze. Diese lassen sich grob in den Green- und Brown-Field-Ansatz unterteilen. Bei einem Green-Field-Ansatz gibt das Unternehmen das bestehende SAP ERP auf und führt ein komplett neues SAP S/4HANA-System ein. Bei einem Brown-Field-Ansatz wird das bestehende SAP ERP auf SAP S/4HANA konvertiert. Hierbei handelt es sich um eine Anwendungsmigration, bei der das komplette System inklusive aller Customizing-Einstellungen und Eigenentwicklungen umgestellt wird. In beiden Szenarien ist eine Migration von Daten auf Datenbankebene notwendig. Eine Übersicht über die beiden möglichen Szenarien ist in **Abb. 5.1** dargestellt.

Abb. 5.1 Projektansätze Green Field und Brown Field

Bei einer Neuimplementierung von SAP S/4HANA über einen Green-Field-Ansatz erfolgt die komplette Neukonzeption und -installation eines SAP S/4HANA-Systems, wobei das alte ERP-System (SAP oder non-SAP) komplett abgelöst wird. Bei diesem Projektansatz kann das Unternehmen zwischen den beiden Editionen S/4HANA und S/4HANA-Cloud sowie allen Bereitstellungsoptionen wählen. Der Green-Field-Ansatz ist vor allem dann sinnvoll, wenn ohnehin größere Veränderungen im Unternehmen anstehen, zum Beispiel bei einer Umstrukturierung von Geschäftsfeldern oder -prozessen. Diese geplante neue Struktur im alten ERP-System abzubilden kann aufwendiger sein als alles komplett neu aufzusetzen. Viele Unternehmen haben ERP-Systeme, die sie über die Laufzeit stark individualisiert haben, und wollen bewusst wieder zurück zur Standard-Version, um die Möglichkeiten der neuen Software voll ausnutzen zu können. Für Unternehmen, welche einen Betrieb des Systems in der Edition S/4HANA-Cloud anstreben, ist nur ein Green-Field-Ansatz möglich.

Bei der Durchführung einer Systemkonvertierung über einen Brown-Field-Ansatz wird das bestehende SAP ERP mit allen Mandanten, allen Einstellungen und allen vorhandenen Stamm- und Bewegungsdaten sowie kundenindividuellen Programmierungen in ein SAP S/4HANA-System konvertiert. Das System bleibt hierbei technisch gesehen gleich, inklusive derselben System-Identifikation (SID). Dieser Ansatz wird häufig gewählt, wenn Unternehmen die individuellen Anpassungen sowie Customizing-Einstellungen bewusst behalten möchten. Die bisherige Landschaft bleibt größtenteils bestehen, kann aber von den Vorteilen der neuen Software profitieren. Allerdings funktioniert das neue S/4HANA-System nach einer Systemkonvertierung nicht automatisch wieder wie vorher. Auch bei einer Systemkonvertierung sind die bestehenden Prozesse der größte Aufwandstreiber, da das bestehende Customizing sowie eventuell notwendige Eigenentwicklungen, ebenso wie das Rollenmodell, abgeglichen und gegebenenfalls angepasst werden müssen. Falls SAP-Add-ons oder Zusatzlösungen von anderen Anbietern im System vorhanden sind, müssen diese zuvor auf die S/4HANA-Tauglichkeit überprüft werden.

Hinweis:
Keines dieser Szenarien ist per se besser oder wirkungsvoller als die anderen. Es kommt vielmehr darauf an, die Ausgangslage und die Zielsetzung eines Unternehmens genau zu betrachten, um zu erkennen, welcher Ansatz im Einzelfall den größten Nutzen verspricht. Das kann dann auch zu der Erkenntnis führen, dass eine Mischform aus Green- und BrownField-Ansatz ratsam ist, auch solche Hybride lassen sich umsetzen.

5.2 Vorgehensmodell SAP Activate

Das Vorgehensmodell SAP Activate ist ein neu eingeführtes Framework zur Implementierung von SAP S/4HANA und stellt den Nachfolger der Implementierungsmodelle Accelerated SAP (ASAP) und SAP Launch dar. SAP Activate besteht aus einer Kombination der folgenden Bestandteile:

Abb. 5.2 Bestandteile von SAP Activate

Im Rahmen der Einführung von SAP S/4HANA ist vor allem die Implementierungsmethodik von SAP Activate interessant, welche im Folgenden genauer erläutert wird. SAP Activate folgt hierbei dem klassischen Wasserfallmodell, bestehend aus den sechs Phasen Discover (Entdeckung), Prepare (Vorbereitung), Explore (Erforschung), Realize (Umsetzung), Deploy (Bereitstellung) und Run (Betrieb). Je nach gewähltem Implementierungsansatz werden in den einzelnen Phasen unterschiedliche Aktivitäten durchgeführt.

Abb. 5.3 Vorgehensmodell SAP Activate

In der ersten Phase (Discover) liegt der Fokus darauf, das System und die daraus resultierenden Änderungen kennenzulernen. Als sinnvoll hat sich die Durchführung einer Vorstudie erwiesen, um die passende Strategie sowie die Roadmap für die Umstellung zu entwickeln und notwendige Handlungsfelder zu identifizieren. Durch den Aufbau eines Test-Systems können die neuen Funktionalitäten sowie SAP Fiori kennengelernt und gleichzeitig eine Schulung der Projektmitarbeiter durchgeführt werden.

> **Praxistipp:**
> **Passendes Migrationsszenario wählen und Roadmap entwickeln**
>
> Wie bereits erwähnt, hängt die Wahl des passenden Szenarios für die Migration sehr stark von der Ausgangslage und den Zielsetzungen des Unternehmens ab. Einen Königsweg gibt es nicht. Es müssen intensive Analysen und Einschätzungen in technischer wie in funktioneller Sicht vorgenommen werden. Jedes Migrationsprojekt ist als Einzelfall zu betrachten, bei dem es gilt, aus dem Ist-Zustand und den Zielen den idealen Weg zu S/4HANA abzuleiten.

Die eigentliche Systemkonvertierung findet während den Phasen Prepare, Explore und Realize statt. Für die Umsetzungsphase (Realize), in der das System tatsächlich konfiguriert wird, kommt ein agiles Projektmodell zur Anwendung, bei dem die Konfiguration und Entwicklung in mehreren kurzen Zyklen, in denen regelmäßige Rückmeldungen, Tests und Validierungen stattfinden, durchgeführt wird. Diese Phasen unterscheiden sich je nach gewähltem Projektansatz.

Bei einer Neuimplementierung erfolgt in der Vorbereitungsphase (Prepare) die Konzeptionierung des neuen Systems. Das System kann in der Cloud, On-Premise oder als hybrides Modell betrieben werden. Die jeweils beste Option hängt von den Anforderungen, den IT-Ressourcen und der Komplexität der Geschäftsprozesse eines Unternehmens ab.

> **Praxistipp:**
> **Passende Bereitstellungsoption wählen**
>
> On-Premise
>
> Bei der On-Premise-Bereitstellung betreibt das Unternehmen die Softwarelösung auf seinen eigenen Servern und hat somit die volle Kontrolle über das komplette System. Diese Bereitstellungsoption bietet den breitesten Funktionsumfang und den höchsten Grad an individueller Anpassbarkeit und empfiehlt sich besonders für Unternehmen, die bereits bestehende, feste Geschäftsprozesse mit komplexen Strukturen und spezifischen Anforderungen haben und nicht planen, diese in absehbarer Zeit zu verändern.
>
> Cloud
>
> Bei der Cloud-Bereitstellung bezieht das Unternehmen die Softwarelösung im Sinne einer Software-as-a-Service (SaaS), wobei die gesamte Technologie ausgelagert und das System als Dienstleistung über das Internet bezogen wird. Diese Bereitstellungsoption bietet eine vorkonfigurierte Systemumgebung, welche den Best Practices von SAP folgt und dementsprechend den Unternehmen weniger Kontrolle und Flexibilität im Hinblick auf eigene Anforderungen ermöglicht. Die Cloud-Variante bietet sich also vor allem für Unternehmen mit überwiegend standardisierten Prozessen an. Mithilfe der SAP Cloud Platform können zwar eigene Erweiterungen und Applikationen in das System eingebaut werden, im Gegensatz zur On-Premise-Bereitstellung sind jedoch keine Zusatzentwicklungen möglich. Durch regelmäßige automatisierte Updates werden beispielsweise auch Compliance-Vorschriften auf dem aktuellen Stand gehalten, ohne dass sich die Unternehmen darum kümmern müssen. S/4HANA-Cloud ist mit geringen Anfangsinvestitionen verbunden. Zudem

ist ein SaaS-ERP-System flexibel skalierbar und lässt sich kurzfristig an einen veränderten Bedarf anpassen.

<u>Hybrider Ansatz</u>

Bei der hybriden Bereitstellung werden die Vorteile der On-Premise- und der Cloud-Bereitstellung kombiniert. Die geschäftskritischen Kernprozesse behält das Unternehmen lokal auf eigenen Servern, weniger kritische Prozesse, die keiner individuellen Anpassung bedürfen, können dagegen in die Cloud ausgelagert werden. Diese Konstellation sichert also einerseits die für das Unternehmen elementaren Bereiche der IT-Landschaft und schafft andererseits die Grundlage dafür, erste Erfahrungen mit Cloud-Szenarien zu sammeln.

Des Weiteren stehen von der SAP vorkonfigurierte sowie Best-Practices-Geschäftsprozesse zur Verfügung. Dadurch müssen nicht alle Geschäftsprozesse des Unternehmens konzipiert werden, sondern es muss nur eine Fit-Gap-Konzeptionierung, also eine Konzeptionierung der Prozesse, welche nicht durch die vorkonfigurierten oder durch die Best-Practices-Prozesse abgedeckt werden, erfolgen. Alternativ kann ein Unternehmen auch komplett eigene Prozesse konzipieren und im System einstellen oder eigenentwickelte Prozesse über eine Migration aus dem ERP-System übernehmen. Die Definition der unternehmensspezifischen Prozesse ist als größter Aufwandstreiber bei einer Neuimplementierung zu sehen und mit einem gewissen Risiko verbunden, da über die Jahre gelebte und entwickelte Prozesse geändert werden.

Während der Explore-Phase erfolgen die eigentliche Installation und Konfiguration des Systems. Die Installation geschieht mit Hilfe des Software Provisioning Managers, hierbei entsteht ein komplett neues System mit neuer System-Identifikation (SID), welches zunächst in der Standard-Auslieferung ohne voreingestellte Prozesse zur Verfügung steht. Das Einspielen der Best-Practice-Geschäftsprozesse und eventuell direkt auf der Datenbank abzulegender Inhalte sowie die Konfiguration des Systems und der Prozesse müssen im Anschluss neu vorgenommen werden. Eventuell benötigte Eigenentwicklungen oder Schnittstellen, die sich während der Fit-Gap-Analyse ergeben, sowie Formulare müssen während der Realisierungsphase (Realize) neu konfiguriert werden. Das System kann über eine Datenmigration wieder mit Unternehmensdaten befüllt werden. Über einen initialen Daten-Upload können die relevanten Stamm- und Bewegungsdaten aus dem bisherigen in das neue System übernommen werden. Hierfür muss während der Konzeptionierung bereits entschieden werden, welche Daten in das neue System übertragen werden sollen und welche nicht, oder ob Daten archiviert werden müssen. Für den Daten-Upload stehen verschiedene Werkzeuge der SAP sowie von Drittanbietern zur Verfügung.[37]

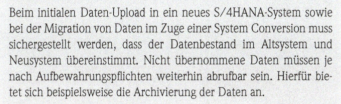

Hinweis:
Datenmigration

Beim initialen Daten-Upload in ein neues S/4HANA-System sowie bei der Migration von Daten im Zuge einer System Conversion muss sichergestellt werden, dass der Datenbestand im Altsystem und Neusystem übereinstimmt. Nicht übernommene Daten müssen je nach Aufbewahrungspflichten weiterhin abrufbar sein. Hierfür bietet sich beispielsweise die Archivierung der Daten an.

Bei einer Systemkonvertierung werden in der ersten Phase (Discover) die technischen Voraussetzungen dafür geprüft. Grundsätzlich ist es möglich, SAP ERP ab Release 6.0 und Enhancement Package 7 in einem Schritt nach SAP S/4HANA zu konvertieren. Zusätzlich muss mindestens SAP NetWeaver 7.50 und der SAP Solution Manager 7.2 zur Verfügung stehen. Als Voraussetzung für eine Konvertierung muss das bestehende System bereits als Unicode-System vorliegen, da die Konvertierung von einem Nicht-Unicode-System auf ein Unicode-System nicht mit dem Wechsel der Datenbank verbunden werden kann. Außerdem muss das System als Single Stack mit nur einer ABAP-Laufzeitumgebung betrieben werden. Falls das System als Dual Stack, also mit einer zusätzlichen JAVA-Laufzeitumgebung betrieben wird, müssen die beiden Stacks vorher getrennt werden. Als Hardware für die Umgebung muss von SAP zertifizierte Hardware verwendet werden. Für die Be-

---

[37] SAP Standard Tools: SAP Data Services, SAP Rapid Data Migration Content for On-Premise, SAP S/4HANA Migration Cockpit for Cloud.

stimmung der Größe der zukünftigen Datenbank sollte der Memory Sizing Report durchgeführt werden.[38]

> **Hinweis:**
> **Technische Voraussetzungen für eine Systemkonvertierung**
>
> - Systemversion mindestens SAP ERP Release 6.0 mit Enhancement Package 7
> - Systemversion mindestens SAP NetWeaver 7.50
> - Anbindung des Systems an den Solution Manager (Systemversion mindestens Solution Manager 7.2)
> - Unicode-System
> - Single Stack mit nur einer ABAP-Laufzeitumgebung
> - Zertifizierte Hardware

> **Praxistipp:**
> **Stresskurve möglichst klein halten**
>
> Eine Big-Bang-Einführung vieler neuer Komponenten verkürzt zwar im Allgemeinen die Laufzeit des Gesamtprojekts und reduziert die Anzahl der Teilprojekte, birgt aber auch viele Gefahren. Der Aufwand ist abhängig vom Umfang des S/4HANA-Projektes und vom Status des „Altsystems". Damit dieser Status während der eigentlichen Umstellung so gut wie möglich ist, bietet es sich an, so viele Aktivitäten wie möglich nach vorne zu schieben (Step-by-Step-Implementierung der neuen Komponenten) und diese, ebenso wie die Prüfung der technischen Voraussetzungen, bereits in der Vorbereitungsphase durchzuführen.
>
> Typische Aktivitäten in der Vorbereitungsphase sind:

---

[38] Vgl. Schreiber, Dominik: Implementierung von SAP S/4HANA, in: VEROVIS Fachbeiträge vom 08.08.2016 (https://www.verovis.de/fachbeitraege/news/implementierung-von-sap-s4hana-30/), zuletzt aufgerufen am 30.03.2020; SAP SE: Conversion Guide for SAP S/4HANA 1909 (https://help.sap.com/doc/2b87656c4eee4284a5eb8976c0fe88fc/1709%20000/en-US/CONV_OP1709.pdf); Frank: The System Conversion to SAP S/4HANA, on-premise edition 1511 – Technical procedure and semantic adaption tasks, in: SAP-Blog (https://www.horvath-partners.com/fileadmin/horvath-partners.com/assets/05_Media_Center/PDFs/deutsch/E_Konzerncontrolling_SAP_2016_Eilers_web_g.pdf), Eintrag vom 16.09.2016, zuletzt aufgerufen am 30.03.2020.

- Umstellung auf das neue Hauptbuch
- Umstellung auf die neue Anlagenbuchhaltung
- Einführung Cash Management
- Stammdatenbereinigung
- Einführung Material Ledger
- Vorabprüfung aller Z-Programme auf Nutzung und Notwendigkeit sowie Bereinigung
- Vorabprüfung aller Prozesseinstellungen auf Nutzung und Notwendigkeit sowie Bereinigung

Des Weiteren bietet es sich an, nicht verpflichtende Aktivitäten in die Nachprojektphase zu verschieben.

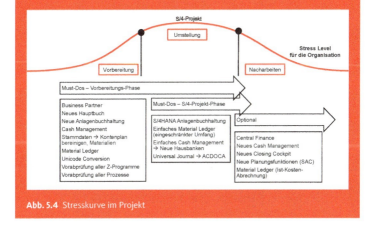

Abb. 5.4 Stresskurve im Projekt

In der zweiten Phase (Prepare und Explore) werden, mithilfe des Tools Maintenance Planner, die Voraussetzungen für eine Konvertierung überprüft. Der Maintenance Planner erstellt außerdem die Stack.xml-Datei, welche später vom Software Update Manager (SUM) für die Systemkonvertierung benötigt wird. Des Weiteren müssen die SAP S/4HANA Pre-Transition Checks (Pre-Checks) durchgeführt werden. Ab dem Release SAP S/4HANA 1709 kommt hierfür das Framework Simplification Item Checks (SI-Checks) zum Einsatz. Technisch gesehen handelt es sich bei diesen Checks um SAP-Programme, welche über SAP-Hinweise ausgeliefert und manuell im Quellsystem installiert und ausgeführt werden. Die Checks identifizieren die Simplification Items, die für die Systemkonvertierung relevant sind, und prüfen die bereits genannten technischen Voraussetzungen sowie die Umsetzung der verpflichtenden Aufgaben vor einer Konvertierung. Dies ist vor allem im Finanzbereich sehr wichtig. Vor der Konvertierung muss ein Jahresabschluss im System erfolgen. Um Inkonsistenzen zu vermeiden, dürfen während der Migration keine Buchungen erfolgen.

> **Hinweis:**
> **Verpflichtende Aufgaben vor einer Konvertierung**
>
> - Grundsätzliche Umstellungen
>   - Geschäftspartnervorbereitung (Aktivierung der Business Function)
>   - Synchronisation Business Partner
> - Vorbereitungen in Finanzwesen und Controlling
>   - Konsistenz Finanzdaten prüfen (Abstimmung mit Anlagenbuchhaltung, Konsistenzcheck Material Ledger und FI)
>   - Finanz-Abschluss (Saldenvorträge, Jahresabschlüsse, Berichte)

Neben den Systemvoraussetzungen sollten auch die bisherigen funktionalen Prozesse analysiert und den Innovationen aus der Simplification List zugeordnet werden. Diese Überprüfung wird ebenfalls während des SI-Checks durchgeführt.

Da nicht alle Prozesse in den Standardlösungen von SAP abgedeckt werden können, arbeiten viele Unternehmen mit individuellen Erweiterungen, sogenannten Z-Programmen, Eigenentwicklungen oder Custom Code. Diese Z-Programme sind Ergänzungen zum Standard, die – wenn weiterhin benötigt – auch von der Migration betroffen sind. Es ist empfehlenswert, die Z-Programme so weit wie möglich zu reduzieren. Sehr häufig stellt sich bei einer Überprüfung heraus, dass tatsächlich weit weniger Programme verwendet werden als vermutet.

> **Praxistipp:**
> **Anzahl an Eigenentwicklungen reduzieren**
>
> Im Laufe der Zeit sammeln sich nicht mehr genutzte oder relevante Entwicklungen in einem ERP-System, die die Last bei der Umstellung unnötig erhöhen. Analysieren Sie Ihre Kundencode-Nutzung und entfernen Sie anschließend nicht mehr benötigte Objekte aus dem

> System. Viele Eigenentwicklungen sind nach einer gewissen Zeit obsolet, verbleiben aber dennoch im System. Mithilfe der Funktion „Usage and Procedure Logging" (UPL) oder dem Nachfolger SCMON können Sie eine langfristige Analyse im Quellsystem starten und herausfinden, welcher Code im System überhaupt aktiv genutzt wird.
>
> Werden unnötige Programme entfernt, verringert das den Aufwand, der notwendig ist, um eigenes Coding an S/4HANA anzupassen.

Anschließend sollten die verwendeten Z-Programme genauer betrachtet werden. Eventuell wurden die Ergänzungen, die zu einem bestimmten Zeitpunkt wichtig waren, in der Zwischenzeit schon in den Standard übernommen. Auch solche Z-Programme können dementsprechend bei einer Migration wegfallen.

Da in S/4HANA ein neues Datenmodell mit neuen Tabellen verwendet wird, muss, wenn Eigenentwicklungen übernommen werden, überprüft werden, inwieweit diese im System weiterverwendet werden können, oder ob sie angepasst werden müssen. Dies geschieht über den Custom Code Check, der im Quellsystem durchgeführt wird. Dem Unternehmen steht es dabei frei, zu entscheiden, ob dieser Test auf dem Produktiv- oder dem Entwicklungssystem ausgeführt wird. Der Vorteil des Produktivsystems als Ausführungsumgebung liegt darin, dass sichergestellt werden kann, dass nur produktiv genutzte Eigenentwicklungen überprüft werden. Generell kann man die Migration hier auch als Chance betrachten: Statt ein System zu migrieren, bei dem viele Eigenentwicklungen vorgenommen worden sind, bietet die Migration die Möglichkeit, möglichst zurück zum Standard zu gehen. Da viele ehemalige Ergänzungen inzwischen im Standard abgebildet werden, ist dieser Schritt häufig nicht besonders drastisch. Es kann sinnvoll sein, die zugrunde liegenden Prozesse zu überprüfen und gegebenenfalls abzuändern – vor allem, wenn die Z-Programme von Dienstleistern entwickelt wurden und das Unternehmen selbst nicht genug Kenntnis über die Programme hat, um sie aktiv weiter zu betreiben. Wenn alle notwendigen Schritte durchgeführt wurden, darf die Konvertierung gestartet werden.³⁹

> **Praxistipp:**
> **Eigenentwicklungen frühzeitig prüfen und dabei die Abhängigkeiten beachten**
>
> Prüfen Sie Ihre kundeneigenen Entwicklungen (Y*, Z*) und Add-ons auf die Kompatibilität mit S/4HANA, um Problemen nach der Migration vorzubeugen. Das betrifft nicht nur die Kompatibilität mit der Datenbank HANA, sondern auch Zugriffe auf geänderte oder nicht mehr verfügbare Felder und Tabellen. Notwendige Korrekturen können Sie bereits im Vorfeld in Ruhe umsetzen.
>
> Zusätzlich können Sie ein sogenanntes ABAP Test Cockpit installieren, um den Entwicklern die Anpassungen innerhalb der Z-Programme zu erleichtern. Hierbei handelt es sich um ein zentrales NetWeaver AS ABAP System, mit dessen Hilfe Sie Ihren Code mit den Anforderungen der SAP abgleichen können. Dies bietet sich für die technischen Änderungen der Datenbank HANA (native SQL-Abfragen im Code, Abfragen auf Clustertabellen, Performanceanalyse), für die technischen Änderungen in S/4HANA (beispielsweise die Erweiterung der Materialnummer auf 40 statt 18 Zeichen) und für entfallene Funktionalitäten in S/4HANA an.

In der letzten Phase (Realize) erfolgt die eigentliche Konvertierung des Systems. Mit Hilfe des SUM und dessen Database Migration Option (DMO) erfolgen die Datenbankmigration auf SAP HANA sowie die Umstellung auf SAP S/4HANA in einem Schritt. Handelt es sich bereits um eine SAP HANA Datenbank, wird über den SUM ohne DMO nur die Konvertierung durchgeführt. Der SUM prüft außerdem erneut die

---

³⁹ Vgl. Schreiber, Dominik: Implementierung von SAP S/4HANA, in: VEROVIS Fachbeiträge, Eintrag vom 08.08.2016 (https://www.verovis.de/fachbeitraege/news/implementierung-von-sap-s4hana-30/), zuletzt aufgerufen am 30.03.2020; SAP SE: Conversion Guide for SAP S/4HANA 1909 (https://help.sap.com/doc/2b87656c4eee4284a5eb8976c0fe88fc/1709%20000/en-US/CONV_OP1709.pdf); Frank: The System Conversion to SAP S/4HANA, on-premise edition 1511 – Technical procedure and semantic adaption tasks, in: SAP-Blog, Eintrag vom 16.09.2016 (https://www.horvath-partners.com/fileadmin/horvath-partners.com/assets/05_Media_Center/PDFs/deutsch/E_Konzerncontrolling_SAP_2016_Eilers_web_g.pdf), Eintrag vom 16.09.2016, zuletzt aufgerufen am 30.03.2020.

Voraussetzungen und stoppt die Konvertierung, falls diese nicht erfüllt sind.[40]

Das Thema Datenmanagement ist bei beiden Projektansätzen wichtig. Hierbei geht es darum, zu entscheiden, welche Daten vom Altsystem in das neue System übernommen werden und wie diese Übernahme erfolgt.

Bei einem Brown-Field-Ansatz erfolgt die Migration der Daten durch den SUM-DMO automatisch.

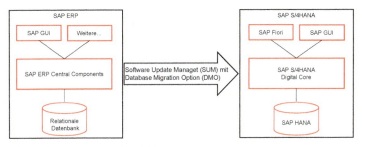

Abb. 5.5 Datenmigration über SUM-DMO

Bei einem Green-Field-Ansatz wird zunächst das System installiert, woraufhin die relevanten Daten über einen Daten-Upload ins System gespielt werden. Hierbei wäre auch eine Komplettsicherung (Archivierung) des Altsystems empfehlenswert, um auf die Daten jederzeit zugreifen zu können, ohne das alte System weiterlaufen zu lassen.

---

[40] Vgl. Rubarth, Boris: Database Migration Option (DMO) of SUM – Introduction, in: SAP-Blog, Eintrag vom 29.11.2013 (https://blogs.sap.com/2013/11/29/database-migration-option-dmo-of-sum-introduction/), zuletzt aufgerufen am 30.03.2020.

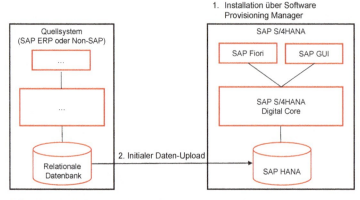

Abb. 5.6 Datenübernahme bei Neuinstallation

Besonders wichtig ist das Thema der Datenqualität im Bereich Stammdaten, da ansonsten lange Laufzeiten bei der Stammdatensynchronisation zu erwarten sind.

> **Praxistipp:**
> **Stammdaten bereinigen**
>
> Mit einer hohen Stammdatenqualität, zum Beispiel bei Geschäftspartnern im Materialstamm oder im FI-Bereich, vermeiden Sie Fehler bei Stammdaten-Prüfungen unter S/4HANA. Die Stammdaten müssen vom klassischen in das neue Datenmodell überführt werden. Im Zuge der Umstellung ist eine Datenbereinigung beziehungsweise eine Datenharmonisierung empfehlenswert. Planen Sie hierfür auch im Business ausreichend Zeit ein. Die IT und die Fachbereiche sollten gemeinsam entscheiden, ob bei dieser Gelegenheit beispielsweise die Nummernkreise und Kontengruppen konzeptionell neu aufgebaut werden oder ob sie sich weiterhin an den bisherigen Einstellungen orientieren.
>
> Die Einführung des Business Partners, welcher unter S/4HANA Pflicht ist, kann dabei genutzt werden, um Ihre Stammdaten zu bereinigen. Die Einführung muss bereits vor der Systemumstellung auf S/4HANA erfolgt sein, ansonsten lässt sich das Upgrade gar nicht erst starten. Der Business Partner hebt die Trennung von Kunden (Debitoren) und Lieferanten (Kreditoren) als separate

> Stammdatentöpfe und damit die Unterscheidung der Geschäftspartner nach Sachgebiet auf. Als Klammer um Lieferanten und Kunden sind im Business Partner Grunddaten wie Name, Adresse, Steuernummer und Bankverbindung eingepflegt. Je nach zugeordneter Rolle ist der Geschäftspartner dann Lieferant und/oder Kunde. Der Geschäftspartner bildet darüber hinaus auch alle weiteren für das Unternehmen relevanten Personen und Organisationen ab, somit zählen nach dem neuen Konzept beispielsweise auch Mitarbeiter zu Geschäftspartnern, weil sie zur Herstellung von Produkten oder zur Erbringung von Service-Leistungen beitragen. Man kann einem Geschäftspartner also problemlos mehrere Rollen gleichzeitig zuweisen. Darüber hinaus können auch prozessuale Änderungen aus der Einführung des Business Partner resultieren. Beispielsweise erfordert die Zusammenführung von Kunde und Lieferant eine engere Abstimmung zwischen Vertrieb und Einkauf in Bezug auf die Pflege von Geschäftspartnerdaten.

Auch die Bewegungsdaten können Probleme bereiten, daher ist hier eine Datenbereinigung sowie eine Datenreduktion zu empfehlen. Daten aus Unternehmensanwendungen stehen stets in einem Geschäftskontext zur Verfügung, der aus rechtlichen Gründen für die Zeitdauer der gesetzlich vorgeschriebenen Aufbewahrungsfristen zusammen mit den Daten erhalten werden muss. Der Geschäftskontext enthält wichtige Zusatzinformationen – zum Beispiel über die Historie und Qualität einer Geschäftsbeziehung zu einem Kunden oder Lieferanten –, die auch Jahre später für das jeweilige Unternehmen wertvoll sein können. Auf der Ebene der Daten geht es also weniger um Agilität als um Stabilität. Das ist der Grund, warum sich bei jeder Migration auf neue Softwaregenerationen – innerhalb wie außerhalb von SAP – große Datenvolumen in den Rechenzentren der Unternehmen ansammeln, die wegen des Geschäftskontextes zusammen mit den Altanwendungen aufbewahrt und gepflegt werden – und das zum Teil für viele Jahrzehnte und zu erheblichen Kosten. Beim Umstieg auf S/4 stellt sich das Problem, dass Altsysteme weiterbetrieben werden müssen, erneut und dazu noch in verschärfter Form. Schon aus Kostengründen ergibt es keinen Sinn, sämtliche Daten und Dokumente aus den Bestandssystemen in die HANA-Datenbank zu übernehmen.

> **Praxistipp:**
> **Datenbestand reduzieren**
>
> Reduzieren Sie den gesamten Datenbestand auf das Notwendigste. Die Vorteile sind folgende:
>
> - Die Datenbank SAP HANA hält einen Großteil der Daten im Arbeitsspeicher vor, und Arbeitsspeicher ist teuer
> - Datenreduktion reduziert die Probleme im Rahmen der Vorarbeiten zur S4-Umsetzung, je weniger Daten migriert werden desto kleiner der Abstimmbedarf
> - Entfernen von alten Geschäftsjahren außerhalb des Aufbewahrungszeitraumes
> - Etablierung eines nachhaltigen Archivierungskonzeptes

Je nach genutzter Applikation müssen im Anschluss an die Konvertierung spezifische manuelle Nacharbeiten erfolgen. Vor allem im Bereich Finanzwesen sind hierbei einige Tätigkeiten notwendig, da die eigentliche Umstellung erst im Nachgang der Installation über das Customizing durchgeführt wird. Hier sind mindestens das Customizing und die Migration für die neue Haupt- und Anlagenbuchhaltung sowie die Übernahme der Daten aus dem Hauptbuch, dem Controlling, dem Material Ledger und der Anlagenbuchhaltung in das neue Datenmodell, also die zentrale Tabelle ACDOCA, notwendig. Durch die Einführung des Business Partners, welcher alle Geschäftspartner wie Debitoren und Kreditoren in einem neuen Stammdatum vereint, sind auch hier technische Aktivitäten über das Customizing notwendig. Des Weiteren muss das Delta-Customizing für geänderte Funktionen sowie neues Customizing für neu hinzugekommene Funktionalitäten erfolgen. Die applikationsspezifischen Nacharbeiten dürfen auf keinen Fall unterschätzt werden. Erst nach der erfolgreichen Konvertierung und nach dem Abschluss aller notwendigen Nacharbeiten kann das SAP S/4HANA-System zur Nutzung freigegeben werden.[41]

---

[41] Vgl. Schreiber, Dominik: Implementierung von SAP S/4HANA, in: VEROVIS Fachbeiträge, Eintrag vom 08.08.2016 (https://www.verovis.de/fachbeitraege/news/implementierung-von-sap-s4hana-30/), zuletzt aufgerufen am 30.03.2020; SAP SE: Conversion Guide for SAP S/4HANA 1909 (https://help.sap.com/doc/2b87656c4eee4284a5eb8976c0fe88fc/1709%20000/en-US/CONV_OP1709.pdf); SAP SE: Simplification List for SAP S/4HANA 1909 Initial Shipment Stack (SAP SE (Hg.) 2017 – Simplification List for SAP S 4HANA.pdf).

Nach der Freigabe des neu implementierten oder konvertierten Systems geht es in der Bereitstellungsphase (Deploy) darum, das System live zu setzen. Rund um die Implementierung werden in dieser Phase alle Aktivitäten abgeschlossen. Ab dem Zeitpunkt der Produktivsetzung erfolgen alle Buchungen im S/4HANA-System.

In der letzten Phase (Run) ist die Einführung von SAP S/4HANA komplett abgeschlossen und das System kann vollumfänglich verwendet werden. In dieser Phase geht es vor allem darum, das System nach der Implementierung zu betreiben, zu optimieren und weiterzuentwickeln sowie den Support zu gewährleisten und auftretende Fehler zu beheben.

6 Prüfungsansätze

In Verbindung mit einem Migrationsprojekt bekommen die unterschiedlichsten IDW Prüfungsstandards und Stellungnahmen zur Rechnungslegung des Fachausschusses für Informationstechnologie (FAIT) Relevanz, die im Folgenden dargestellt werden, bevor anhand des Standardvorgehensmodells SAP Activate exemplarische Prüfungshandlungen einer projektbegleitenden Prüfung gemäß IDW PS 850 vorgestellt werden.

6.1 Prüfungsstandards

Zu den Prüfungsstandards, die in Verbindung mit einem Migrationsprojekt besonders relevant sind, gehören die projektbegleitende Prüfung bei Einsatz von Informationstechnologie (IDW PS 850), die Prüfung des internen Kontrollsystems bei Dienstleistungsunternehmen (ISAE3402/SSAE16 bzw. IDW PS 951), die Prüfung von Softwareprodukten (IDW PS 880), die IT-Prüfung außerhalb der Abschlussprüfung (IDW PS 860) und die Abschlussprüfung bei Einsatz von Informationstechnologie (IDW PS 330).

Entscheidet sich der Anwender für die SAP S/4HANA Cloud Edition, werden wesentliche IT-Komponenten und Services in die SAP Cloud ausgelagert. Eine Auslagerung wesentlicher Komponenten und Services kann allerdings auch bei der SAP S/4HANA Private Edition erfolgen, wenn diese beispielsweise in einem Rechenzentrum bei einem IT-Serviceprovider oder in einer Cloud, welche nicht von SAP direkt betrieben wird, wie beispielsweise AWS oder Microsoft Azure, betrieben wird. In allen Fällen gilt es festzustellen, ob das interne Kontrollsystem des IT-Serviceproviders (SAP oder Drittanbieter) die spezifischen Anforderungen des Auftraggebers erfüllt. Dazu kann entweder das interne Kontrollsystem unmittelbar beim IT-Serviceprovider geprüft werden oder der IT-Serviceprovider kann die Anforderungserfüllung anhand eines detaillierten Prüfungsberichts nach IDW PS 951 (als nationale Konkretisierung des ISAE3402/SSAE16) nachweisen. Für die Prüfung hat der IT-Serviceprovider eine detaillierte Beschreibung des internen Kontrollsystems zu erstellen (Prozessaktivitäten, berücksichtigte Kriterien, Kontrollziele und implementierte Maßnahmen). Der Prüfer kann auf dieser

Basis die Angemessenheit und die Wirksamkeit der implementierten Maßnahmen beurteilen.[42]

Da SAP S/4HANA zentral für die Ordnungsmäßigkeit und Sicherheit der Rechnungslegung und andere unternehmenskritische Bereiche ist, kann durch eine Softwarebescheinigung die Einhaltung der Anwendungsfunktionen und -kontrollen bestätigt werden. Für die Erstellung einer solchen Bescheinigung wird eine Softwareprüfung (IDW PS 880) im Auftrag des Softwareherstellers durch einen Wirtschaftsprüfer durchgeführt. In diesem Rahmen gilt es ebenfalls zu prüfen, ob die vom Softwarehersteller verwendeten Kontrollen, u. a. zum Entwicklungs-, Test- und Freigabeverfahren, angemessen sind. Darüber hinaus wird anhand von Tests überprüft, ob die Software über entsprechende Verarbeitungsfunktionen, etwa die Erfüllung der Ordnungsmäßigkeitsanforderungen gemäß HGB und AO im Bereich des Rechnungswesens, und über Verfahren für Zugriffsschutz und -steuerung sowie Datensicherung verfügt.

Ein weiterer relevanter Prüfungsstandard für IT-Prüfungen außerhalb der Jahresabschlussprüfung bzw. Migrationsprüfungen ist der IDW PS 860. Der IDW PS 860 entspricht dem International Standard on Assurance Engagements (ISAE 3000). Der Prüfungsstandard ermöglicht eine umfassende IT-Systemprüfung für im Vorfeld zu definierende Prüfungsfelder unter Einhaltung festgelegter Anforderungskriterien.

Neben diesen Formen von Sonderprüfungen wird der Wirtschaftsprüfer auch im Rahmen der Jahresabschlussprüfung aufgrund der besonderen Risikosituation den Fokus auf das durch die Migration neu zu analysierende interne Kontrollsystem legen. Dabei wird er die Systemprüfung bei Einsatz von Informationstechnologie gemäß IDW PS 330 durchführen und die folgenden Stellungnahmen zur Rechnungslegung des Fachausschusses für Informationstechnologie (FAIT) zur Konkretisierung der Anforderungsgrundlage hinzuziehen:

- IDW RS FAIT 1 – Grundsätze ordnungsmäßiger Buchführung
  - bei Einsatz von Informationstechnologie
- IDW RS FAIT 2 – Grundsätze ordnungsmäßiger Buchführung
  - bei Einsatz von Electronic Commerce

---

[42] Vgl. Fröhlich/Swart 2013, S. 10.

- IDW RS FAIT 3 – Grundsätze ordnungsmäßiger Buchführung
  - bei Einsatz elektronischer Archivierungsverfahren
- IDW RS FAIT 4 – Anforderungen an die Ordnungsmäßigkeit und Sicherheit
  - IT-gestützter Konsolidierungsprozesse
- IDW RS FAIT 5 – Grundsätze ordnungsmäßiger Buchführung
  - bei Auslagerung von rechnungslegungsrelevanten Prozessen und Funktionen einschließlich Cloud Computing.

Während der IDW RS FAIT 1 bei nahezu jeder IT-Prüfung zum Tragen kommt, so werden die weiteren Stellungnahmen abhängig von Prüffeld, Digitalisierungsgrad oder Betriebsmodell als Prüfungsgrundlage hinzugezogen.

6.2 Projektbegleitende Prüfung

Die projektbegleitende Prüfung ist eine bereits während der Durchführung des Projekts vorgenommene prüferische Beurteilung der Entwicklung, Einführung, Änderung oder Erweiterung IT-gestützter Rechnungslegungssysteme. Aufgrund seiner unabhängigen Stellung, seiner fachlichen Qualifikation und seines Verständnisses des Unternehmens kann eine Einbindung des Abschlussprüfers als projektbegleitender Prüfer dazu beitragen, frühzeitig Risiken aus dem Projekt zu erkennen und diesen rechtzeitig entgegenzusteuern.[43] Daher eignet sich die projektbegleitende Prüfung ausgezeichnet als zusätzliche Qualitätssicherungsfunktion innerhalb eines SAP S/4HANA-Migrationsprojektes. Projektbegleitende Prüfungen lassen sich in ein Pre-implementation Audit und den Post-implementation Audit aufteilen. Bei Pre-implementation Audits werden neben dem Projektmanagement selbst auch alle Meilensteine und Ergebnisse einer Prüfung unterzogen, um möglichst frühzeitig insbesondere Empfehlungen bezüglich möglicher rechnungslegungsrelevanter Mängel geben zu können. Ein Ziel der nachgelagerten Prüfung ist es, zu prüfen, ob das im Rahmen des Projekts implementierte System IT-Fehlerrisiken aufweist.

---

[43] Vgl. IDW PS 850, Tz. 1ff.

> **Hinweis:**
> **Vorzugsweise Pre-implementation Audit**
>
> Die Vorteile eines Pre-implementation Audits liegen auf der Hand. Der Prüfer kann auf Missstände hinweisen, bevor ein Schaden entsteht.
>
> Die Erfahrung zeigt jedoch, dass viele Mandanten eher zu einem Post-implementation Audit tendieren. Allein aufgrund eines mangelnden Dokumentationsverständnisses auf Mandantenseite sind die Kontrollen innerhalb der jeweiligen Projektphasen häufig nicht mehr angemessen nachvollziehbar. Die Beurteilung einzelner Ordnungsmäßigkeits-, Sicherheits- und Kontrollanforderungen ist nicht mehr effizient durchführbar.
>
> Überzeugen Sie Ihre Mandanten von den qualitätssichernden Aspekten eines Pre-implementation Audits!

Die Durchführung von projektbegleitenden Prüfungen kann auch Gegenstand der gesonderten Beauftragung eines Wirtschaftsprüfers sein, der nicht Abschlussprüfer des Unternehmens ist.

Gegenstand der Prüfungstätigkeit im Rahmen der projektbegleitenden Prüfung sind die in den jeweiligen Projektphasen getroffenen Entscheidungen des Managements zur Entwicklung, Einführung, Änderung oder Erweiterung IT-gestützter Rechnungslegungssysteme in Bezug auf die für die Buchführung bestehenden Ordnungsmäßigkeits-, Sicherheits- und Kontrollanforderungen. Die projektbegleitende Prüfung stellt damit keine Mitwirkung an der Entwicklung, Einrichtung oder der Einführung eines Rechnungslegungsinformationssystems dar, durch die der Wirtschaftsprüfer gemäß §§ 319 Abs. 3 Nr. 3 bzw. 319a Abs. 1 Satz 1 Nr. 3 HGB von einer Abschlussprüfung ausgeschlossen wäre.

Innerhalb des PS 850 werden die folgenden Phasen dargestellt, die ein Migrationsprojekt standardmäßig durchläuft.

- In der Planungsphase werden der Projektplan und die Projektkalkulation erarbeitet sowie die Aufgabenbeschreibung festgelegt.
- In der Definitionsphase werden die Rahmenbedingungen und auf Grundlage einer Geschäftsprozessaufnahme die Funktionen definiert, die durch die neue Software abgedeckt werden sollen.

- Gegenstand der Analysephase sind die Zusammenstellung eines Kriterienkatalogs für die Auswahl des Softwareanbieters und das Auswahl- und Entscheidungsverfahren für eine bestimmte IT-Anwendung.
- Nach der Beschaffung der ausgewählten Standardsoftware wird in der Design- und Customizingphase die Standardsoftware in die bestehenden Geschäftsprozesse integriert bzw. werden die Geschäftsprozesse an die Erfordernisse der neuen Software angepasst.
- In der Testphase wird die richtige Umsetzung der Designvorgaben durch die programminterne Parametrisierung und die Wirksamkeit der erforderlichen Anpassungen der Geschäftsprozesse geprüft.
- In der Datenmigrationsphase wird die Übernahme der betriebswirtschaftlichen Daten (Stamm- und Bewegungsdaten) aus Altsystemen nach SAP S/HANA geprüft.
- Die Produktivsetzungsphase beinhaltet die Überführung der Standardsoftware in den Regelbetrieb und die Einbettung in die IT- und Geschäftsprozesse des Unternehmens.

Die projektbegleitende Prüfung beim Einsatz von Informationstechnologie (IT) basiert auf den diesbezüglichen Anforderungen an Systemprüfungen, wie sie im IDW Prüfungsstandard „Abschlussprüfung beim Einsatz von Informationstechnologie" (IDW PS 330) niedergelegt sind. Zum Begriff der IT, zu den Ordnungsmäßigkeits- und Sicherheitsanforderungen beim Einsatz von IT im Unternehmen sowie zu der Einrichtung eines IT-Systems wird in Abhängigkeit von der Implementierung auf IDW RS FAIT 1 bis 5 verwiesen.

Die folgende Grafik zeigt eine Gegenüberstellung der Projektphasen, wie sie sich aus dem IDW PS 850 ableiten lassen, und den Projektphasen aus dem Standardvorgehensmodell SAP Activate.

Abb. 6.1 Gegenüberstellung der Projektphasen

Die Phasen lassen sich zwar zeitlich und inhaltlich nicht eins zu eins gegenüberstellen, eine grobe Zuordnung der einzelnen Phasen ist im Projektverlauf jedoch gegeben. In den grün dargestellten Phasen findet die eigentliche Migration statt. Da die vor- und nachgelagerten Phasen jedoch auch nicht unwesentlich zum Projekterfolg beitragen, werden folgend auch zu diesen Phasen mögliche Prüfungshandlungen dargestellt. Der Fokus wird jedoch auf die grün hervorgehobenen Phasen gelegt.

Auf Basis der Projektphasen gemäß IDW PS 850 werden im weiteren Verlauf einzelne Prüfungsschritte erläutert.

Die Prüfungsschritte innerhalb der einzelnen Phasen werden nach dem gleichen Muster aufgebaut wie in den vorangegangenen Praxistipps IT „SAP-IT-Prüfung im Rahmen der Jahresabschlussprüfung".[44]

Nummer

Jeder Prüfungsschritt hat eine eindeutige Nummer, die auf das Kapitel und den Unterabschnitt, in dem sich der Prüfungsschritt befindet, verweist und darin fortlaufend nummeriert ist. Die Nummer Datenmigration-001 ist beispielsweise der erste Prüfungsschritt im Kapitel „Datenmigration".

Überschrift

Jeder Prüfungsschritt hat eine Überschrift, die den Inhalt kurz erläutert.

Fragestellung

Die Fragestellung ist eine wichtige Hilfe für den Prüfer. Sie beschreibt in verständlichen Worten, worum es in dem Prüfungsschritt eigentlich geht.

Basiert auf

Oftmals werden in einem Prüfungsschritt Informationen benötigt, die in einem vorigen Prüfungsschritt ermittelt wurden. Daher ist es empfehlenswert, die hier genannten Prüfungsschritte im Vorfeld durchzuführen, bevor dieser Prüfungsschritt an der Reihe ist.

---

[44] Vgl. Lamm/Mannes, SAP®-IT-Prüfung im Rahmen der Abschlussprüfung, S. 10 ff.

Beschreibung

Die Beschreibung gibt eine kurze Einführung in die Thematik des Prüfungsschritts und erläutert die systemseitigen Zusammenhänge. Die Beschreibung dient dazu, sich das erforderliche Grundwissen zum Prüfungsschritt anzueignen.

Ziel

Das Ziel definiert den Soll-Zustand. Das, was hier beschrieben ist, stellt die Erwartungshaltung des Prüfers insbesondere auf Grundlage der Ordnungsmäßigkeits- und Sicherheitsanforderungen des IDW RS FAIT 1 dar. Das Ergebnis, das beim Prüfungsschritt ermittelt wurde, muss sich an diesen Vorgaben messen lassen.

Gibt es hier Abweichungen, können diese gleich als Empfehlungen an den Mandanten kommuniziert werden.

Risiko

Das ist das Risiko, mit dem der Prüfer konfrontiert ist, wenn die Ergebnisse des Prüfungsschritts nicht mit der vorigen Erwartungshaltung (Ziel) übereinstimmen. Hierbei wird immer Bezug genommen auf die Ordnungsmäßigkeits- und Sicherheitsanforderungen des IDW RS FAIT 1, insbesondere auf:

- Grundsätze ordnungsmäßiger Buchführung
  - Vollständigkeit (§ 239 Abs. 2 HGB)
  - Richtigkeit (§ 239 Abs. 2 HGB)
  - Zeitgerechtheit (§ 239 Abs. 2 HGB)
  - Nachvollziehbarkeit (§ 238 Abs. 1 Satz 2 HGB)
  - Unveränderlichkeit (§ 239 Abs. 3 HGB)
- Sicherheitsanforderungen
  - Vertraulichkeit
  - Integrität
  - Autorisierung
  - Authentizität

Nachfolgende Prüfungshandlungen
Oftmals reicht ein einzelner Prüfungsschritt nicht aus, um eine Thematik abschließen zu können. Beispielsweise ist es sinnvoll, bei Prüfungsschritten zu einer bestimmten Systemeinstellung, der Frage nachzugehen, welche Benutzer die Berechtigung haben, Änderungen an diesen Systemeinstellungen vorzunehmen. Daher wird in der Zeile „Nachfolgende Prüfungen" auf weitere Prüfungsschritte verwiesen, die thematisch aufeinander aufbauen.
Grundsätzlich sollte die Checkliste von oben nach unten bearbeitet werden, ohne Sprünge. Der Verweis auf die nachfolgenden Prüfungsschritte hat daher in erster Linie informativen Charakter.
Prüfungshandlungen
Der Abschnitt „Prüfungshandlungen" ist das Herzstück eines Prüfungsschritts. Hier sind alle einzelnen Prüfungshandlungen Schritt für Schritt in verständlicher Formulierung angegeben. Sie sollten jedem Prüfer ermöglichen, den Prüfungsschritt zu absolvieren und die Ergebnisse zu deuten.

6.2.1 Planungsphase

In der Planungsphase werden der Projektplan und die Projektkalkulation erarbeitet sowie die Aufgabenbeschreibung festgelegt.

Abb. 6.2 Die Planungsphase

Planung-001
Machbarkeitsstudie – Projektauftrag
Fragestellung
Ist dem Projektauftrag eine angemessene Machbarkeitsstudie vorangegangen?

Basiert auf	
Unternehmensstrategie – IT-Strategie	
Beschreibung	

Gemäß DIN 69901 ist ein Projekt ein „Vorhaben, das im Wesentlichen durch Einmaligkeit der Bedingungen in ihrer Gesamtheit gekennzeichnet ist, z. B. Zielvorgabe, zeitliche, finanzielle, personelle und andere Begrenzungen, Abgrenzungen gegenüber anderen Vorhaben, projektspezifische Organisation". Allein durch den Charakter der Einmaligkeit muss bei einem Projekt von einem erhöhten Risiko bezüglich der genannten Bedingungen ausgegangen werden. Diesem Risiko muss mit einer angemessenen Planung begegnet werden. Durch die im Folgenden ausgewählten Prüfungshandlungen gilt es, diesbezüglich ein Verständnis von den umgesetzten Maßnahmen innerhalb der Planungsphase zu erlangen.

Über den Weg von der Unternehmensstrategie über die IT-Strategie hin zu der Entscheidung für ein SAP S/4HANA-Projekt können bereits wesentliche Informationen über die zentralen Projektziele erhoben werden. Diese Informationen können für die Beurteilung der Kontrollen im weiteren Verlauf regelmäßig hinzugezogen werden.

Ziel

Dem Projektstart ist eine angemessene Machbarkeitsstudie vorausgegangen. Der Projektauftrag ist eindeutig und von der Unternehmensleitung freigegeben.

Risiko

Projektrisiken werden nicht angemessen berücksichtigt.

Nachfolgende Prüfungshandlungen

Gemäß Ablauf

Prüfungshandlungen

Schritt 1 – Verschaffen Sie sich einen Überblick über die Unternehmensstrategie.

Schritt 2 – Verschaffen Sie sich einen Überblick über die IT-Strategie.

Schritt 3 – Prüfen Sie, ob die IT-Strategie mit der Unternehmensstrategie korrespondiert.

Schritt 4 – Prüfen Sie, ob im Rahmen der Initialisierung eine Machbarkeitsstudie für das Projekt durchgeführt wird. Dabei gilt es zu beurteilen, ob die mit dem Projekt verbundenen qualitativen Ziele mit den vorhandenen personellen und finanziellen Ressourcen in der vorgesehenen Zeit umgesetzt werden können. Stellen Sie fest, ob mögliche Risiken u. a. Interdependenzen angemessen berücksichtigt werden.

Schritt 5 – Prüfen Sie, ob der Projektauftrag vorliegt und von der Unternehmensleitung freigegeben wurde.

Planung-002
Aufbauorganisation – Verantwortlichkeiten, Kompetenzen

Fragestellung

Erfolgt eine sachgerechte Einbindung des Managements und der Projektbeteiligten?

Basiert auf

Unternehmensstrategie/IT-Strategie/Machbarkeitsstudie/Projektauftrag

Beschreibung

Der Erfolg eines Projektes ist wesentlich von den involvierten Personen abhängig. Daher sollte zu Beginn des Projektes klar definiert sein, wer an dem Projekt beteiligt ist und welche Rolle bzw. welche Kompetenzfelder dem einzelnen zugewiesen sind. Die Zusage einer angemessenen Unterstützung der Unternehmensleitung ist in dieser Phase ebenso wichtig wie die Entscheidung für den „richtigen" Projektleiter. In der Regel werden auch externe Dienstleister hinzugezogen, die ebenfalls in der Projektorganisation berücksichtigt werden müssen.

Ziel

Die Unterstützung der Geschäftsleitung und der Projektbeteiligten ist sichergestellt. Die Projektziele, Verantwortlichkeiten und Kompetenzen sind definiert und allen Beteiligten bekannt.

Risiko

Eine unangemessene Projektorganisation führt mit hoher Wahrscheinlichkeit zum Scheitern des Projektes.

Nachfolgende Prüfungshandlungen

Gemäß Ablauf

Prüfungshandlungen

Schritt 1 – Prüfen Sie, ob die Projektorganisation schriftlich definiert wurde.

Schritt 2 – Prüfen Sie, ob die folgenden wesentlichen Rollen in der Organisation berücksichtigt wurden:

- Lenkungsausschuss
- Projektleitung intern
- Projektleitung extern (Dienstleister)
- Prozessverantwortliche aus den Fachbereichen
- Projektteam
- Projektbüro

Schritt 3 – Prüfen Sie, ob die personelle Zuordnung der Rollen angemessen ist. Da insbesondere die Projektleitung einen zentralen Beitrag zum Erfolg des Projektes leisten muss, sollten Sie sich u. a. auf Basis von Referenzen von der notwendigen Kompetenz überzeugen.

Planung-003

Ressourcen- und Terminplanungen

Fragestellung

Wurden für die einzelnen Projektphasen Ressourcen- und Terminplanungen umgesetzt?

Basiert auf

Machbarkeitsstudie

Beschreibung

Nachdem der Projektauftrag freigegeben wurde, sollten die nächsten Schritte sich um die grobe Festlegung des Projektumfangs drehen. Dabei gilt es, unter Berücksichtigung von betroffenen Niederlassungen, Organisationseinheiten, relevanten Geschäftsprozessen und der Systemlandschaft (Infrastruktur, Alt-Daten) die wesentlichen Aufwandstreiber zu erfassen. Auf dieser Basis können nun die Aufwands-, Personal- und Zeitplanungen erfolgen.

Ziel

Das Projekt basiert auf einer der Komplexität angemessenen Planung. Aufwands-, Personal- und Zeitbedarf sind realistisch kalkuliert.

Risiko

Die Komplexität des Projektes wird unterschätzt. Die Ressourcen werden nicht ausreichen, um das Projekt erfolgreich abzuschließen.

Nachfolgende Prüfungshandlungen

Gemäß Ablauf

Prüfungshandlungen

Schritt 1 – Prüfen Sie, ob eine Aufwands-, Personal- und Zeitbedarfsplanung durchgeführt wurde.

Schritt 2 – Prüfen Sie, ob die Planungen auf Basis eines dokumentierten Projektumfangs (Lastenheft, vgl. 6.2.2 Definitionsphase – Lastenheft Anforderungsspezifikation) durchgeführt wurden.

Schritt 3 – Plausibilisieren Sie, ob die Planungen angemessen aus den Anforderungen abgeleitet wurden.

Planung-004
Projektkommunikation und -dokumentation

Fragestellung

Werden die projektspezifischen Kommunikations- und Dokumentationsverfahren eingehalten und die anzuwendenden Werkzeuge eingesetzt?

Basiert auf

Aufbauorganisation – Verantwortlichkeiten, Kompetenzen, Ressourcen- und Terminplanungen

Beschreibung

Die Projektkommunikation ist ein wesentlicher Faktor für den Erfolg des Projektes. Auf Basis der dem Projekt angemessenen Planung müssen der Projektstatus dokumentiert und gegebenenfalls korrigierende Maßnahmen gegenüber dem Lenkungsausschuss und den betroffenen Projektmitgliedern kommuniziert werden. Eine definierte Kommunikationsstruktur ist hierfür grundlegend.

Das Berichtswesen und die Projektdokumentationsverfahren sind daraufhin zu beurteilen, ob angemessene Regelungen zur Berichterstattung bestehen, die sicherstellen, dass sich einzelne Projektrisiken – auch im Zusammenwirken mit anderen Risiken – nicht zu einem projektgefährdenden Risiko kumulieren können. In diesem Zusammenhang ist insbesondere zu prüfen, ob geeignete Kriterien definiert sind, die eine Berichtspflicht auslösen, und an wen in welchen zeitlichen Abständen über den Projektfortschritt zu berichten ist.

Ziel

Informationen, die für den Erfolg des Projektes wesentlich sind, werden zeitnah an die jeweiligen Adressaten weitergeleitet, um Fehlentwicklungen effizient begegnen zu können.

Risiko

Fehlentwicklungen wird nicht rechtzeitig durch korrigierende Maßnahmen begegnet. Der Erfolg des Projektes ist gefährdet.

Nachfolgende Prüfungshandlungen

Gemäß Ablauf

Prüfungshandlungen

Schritt 1 – Verschaffen Sie sich einen Überblick über die Kommunikationsstruktur.

Schritt 2 – Prüfen Sie, ob eine angemessene und zeitgerechte Dokumentation und Kommunikation der Projektergebnisse erfolgen.

Schritt 3 – Prüfen Sie, ob geeignete Kriterien definiert sind, die eine Berichtspflicht auslösen.

Schritt 4 – Prüfen Sie, ob eine Eskalation von Umsetzungsproblemen bis zur Unternehmensleitung vorgesehen ist.

Planung-005
Phasenorientierte Projektsteuerung

Fragestellung

Wird eine angemessene Projektsteuerung gewährleistet?

Basiert auf

Projektkommunikation und -dokumentation

Beschreibung

Die phasenorientierte Projektsteuerung richtet sich auf die Feststellung, ob eine regelmäßige Überwachung der Einhaltung der Projektphasen und des Projektbudgets erfolgt und Abweichungsanalysen durchgeführt werden, anhand derer Projektrisiken zeitnah erkannt und angemessene Maßnahmen eingeleitet werden können.

Ziel

Projektrisiken werden frühzeitig erkannt und zeitnahe korrigierende Maßnahmen eingeleitet.

Risiko

Einzelne Projektrisiken kumulieren sich zu einem projektgefährdenden Risiko.

Nachfolgende Prüfungshandlungen

Gemäß Ablauf

Prüfungshandlungen

Schritt 1 – Prüfen Sie auf Basis der Projektdokumentation, inwieweit Kontrollen zur Einhaltung der Projektphasen und des Projektbudgets erfolgen.

Schritt 2 – Prüfen Sie, ob Abweichungsanalysen durchgeführt werden, anhand derer Projektrisiken zeitnah erkannt werden.

6.2.2 Definitionsphase

In den folgenden Phasen gilt es, die Einführung von S/4HANA bzw. SAP S/4HANA-Cloud auf Basis des Vorgehensmodells SAP Activate zu begleiten. Dazu haben wir die Phasen aus SAP Activate den Phasen des IDW PS 850 zugeordnet, obwohl die Phasen nicht eins zu eins abgegrenzt werden können und es in der Praxis zu Überschneidungen zwischen den Phasen kommt.

Die Prüfungsinhalte innerhalb der Definitionsphase entsprechen im Wesentlichen den Inhalten der Discover-Phase des Vorgehensmodells von SAP Activate. In dieser Phase werden die Anforderungen zusammengefasst, die durch die neue Software erfüllt werden sollen.

Abb. 6.3 Die Definitionsphase

Definition-001

Discover (Entdecken)

Fragestellung

Basiert die Entscheidung für ein Übergangsszenario auf SAP S/4 HANA auf einer angemessenen Entscheidungsgrundlage? Wurden dazu Unternehmensprioritäten identifiziert? Wurde die Zielarchitektur festgelegt? Wurde ein Readiness Check durchgeführt?

Basiert auf

/

Beschreibung

Für Mandanten, die noch kein SAP im Einsatz haben, erübrigt sich die Frage nach dem Übergangsszenario. Hier wird die Neuimplementierung der Weg zu SAP S/4 HANA. Für Mandanten, die bereits SAP einsetzen, sollte die Auswahl des „richtigen" Übergangsszenarios (Neuimplementierung, Systemkonvertierung, Landschaftstransformation) auf Grundlage verfügbarer Entscheidungshilfen erfolgen. Da jede Mandantensituation unterschiedlich ist, muss eine Analyse der aktuellen IT-Landschaft erfolgen. Die Entscheidung für ein Szenario sollte sowohl wirtschaftlich als auch fachlich nachvollziehbar sein. Folgende Kriterien sollten daher innerhalb einer Analyse der Ausgangssituation berücksichtigt werden:

- Ergebnisse der von SAP bereitgestellten Pre-Checks
- Anpassungsaufwand der mandantenspezifischen Programme als Ergebnis der Custom-Code-Analyse
- Welche neuen Funktionen von SAP S/4HANA sollen genutzt werden? Inwieweit müssen vorhandene betriebswirtschaftliche Prozesse angepasst werden?
- Simplification List als Nachschlagewerk
- Wann sollen welche Anteile der existierenden Landschaft auf SAP S/4 HANA umgestellt werden?

SAP stellt für die Analyse die folgenden Werkzeuge bereit:

- SAP Innovation and Optimization Pathfinder
- SAP Transformation Navigator
- SAP Readiness Check
- SAP Maintenance Planner

Auf Grundlage der Informationen aus Pre-Checks, Custom-Code-Analyse und künftigen Geschäftsprozessen kann das am besten geeignete Übergangsszenario ermittelt werden.

Ziel

Die Auswahl des Übergangsszenarios erfolgt auf Basis einer angemessenen Analyse der Ausgangssituation unter Berücksichtigung wirtschaftlicher und fachlicher Anforderungen.

Risiko
Die Wahl des Übergangsszenarios kann sich auf die Komplexität auswirken, die sich wiederum auf die generellen Projektrisiken im Zusammenhang mit der Ressourcenplanung auswirken kann.
Nachfolgende Prüfungshandlungen
Gemäß Ablauf
Prüfungshandlungen
Schritt 1 – Prüfen Sie, ob der Entscheidung des Übergangsszenarios angemessene Pre-Checks vorausgegangen sind. Lassen Sie sich die Ergebnisse auch anhand des SAP Readiness Checks erläutern.   **Schritt 2** – Lassen Sie sich den Anpassungsaufwand anhand der Ergebnisse der Custom-Code-Analyse erläutern   **Schritt 3** – Lassen Sie sich den potentiellen Mehrwert des bestehenden SAP-ERP-Systems erläutern, der mit dem SAP Innovation and Optimization Pathfinder ermittelt wurde.   **Schritt 4** – Lassen Sie sich anhand des SAP Transformation Navigators den Weg zu SAP S/4HANA erläutern.   **Schritt 5** – Lassen Sie sich erläutern, inwieweit die Simplification List als Informationsquelle zur Ermittlung des potenziellen Anpassungsbedarfs eingesetzt wurde.

6.2.3 Analysephase

Die Prüfungsinhalte dieser Phase entsprechen im Wesentlichen der Prepare- und der Explore-Phase innerhalb des Vorgehensmodells von SAP Activate.

Abb. 6.4 Die Analysephase

Analyse-001

Prepare (Vorbereiten)

Fragestellung

Ist definiert, welche Dienstleistungen von welchem Dienstleistungsunternehmen über welchen Zeitraum und in welcher Form genutzt werden sollen? Werden neben Art, Umfang und Preis entsprechende Service Level Agreements (SLA) für die Dienstleistungen verhandelt?

Basiert auf

Definition-001

Beschreibung

In dieser Phase wird das Projekt geplant und die Systemlandschaft mit vordefinierten Geschäftsprozessen auf Basis der Best Practices aufgesetzt. Auch die Wahl des Betriebsmodells kann in der Vorbereitungsphase erfolgen. Dabei sollte festgelegt werden, welche Dienstleistungen von welchen Dienstleistungsunternehmen über welchen Zeitraum und in welcher Form genutzt werden sollen.

Ziel

Ausgelagerte Funktionen werden angemessen über ein ineinandergreifendes internes Kontrollsystem eingebunden, kontrolliert und gesteuert.

Risiko

Ordnungsmäßigkeits- und Sicherheitsanforderungen werden durch den Outsourcing-Dienstleister nicht umgesetzt.

Nachfolgende Prüfungshandlungen

Gemäß Ablauf

Prüfungshandlungen

Schritt 1 – Prüfen Sie, ob vertraglich sichergestellt wird, dass der Dienstleister sein dienstleistungsbezogenes internes Kontrollsystem einer regelmäßigen Prüfung (z. B. nach IDW PS 951 oder ISAE 3402) unterzieht und die Ergebnisse auch kostenfrei zur Verfügung stellt.

Schritt 2 – Prüfen Sie, ob vertraglich ein Prüfrecht seitens des Mandanten vorgesehen ist, durch das eine Vor-Ort-Prüfmöglichkeit eingeräumt wird.

Schritt 3 – Prüfen Sie, ob vertraglich explizit der Umgang mit den Daten während (Aufbewahrung) und nach der Nutzung der Dienstleistung (Herausgabe) geregelt ist.

Analyse-002

Explore (Analysieren)

Fragestellung

Werden die Workshops unter Beachtung von Ordnungsmäßigkeits-, Sicherheits- und Kontrollanforderungen durchgeführt? Werden Verantwortlichkeiten und Kompetenzen durch eine angemessene Einbindung der Fachbereiche eingehalten? Erfolgt die Erstellung der Detailpläne unter Berücksichtigung von Berichts- und Dokumentationsanweisungen?

Basiert auf

Planung-004, Analyse-001

Beschreibung

Innerhalb von Workshops werden je Geschäftsbereich bzw. Prozess notwendige Konfigurationen, Erweiterungen und Integrationen ermittelt. Den Ausgangspunkt bildet ein Standardsystem mit Best-Practices. Für alle Bereiche werden Detailpläne zur Umsetzung der folgenden Realize-Phase erstellt.

Ziel

Die Workshops werden unter Beachtung von Ordnungsmäßigkeits-, Sicherheits- und Kontrollanforderungen durchgeführt. Die Fachbereiche werden angemessen in die Workshops eingebunden und die Detailpläne angemessen dokumentiert.

Risiko

Notwendige Konfigurationen zur Umsetzung von Ordnungsmäßigkeits- und Sicherheitsanforderungen werden nicht in den Detailplänen berücksichtigt.

Nachfolgende Prüfungshandlungen
Gemäß Ablauf
Prüfungshandlungen

Schritt 1 – Prüfen Sie, ob die Workshops in inhaltlicher, zeitlicher und personeller Hinsicht angemessen geplant wurden.

Schritt 2 – Nehmen Sie möglichst an einem der ersten Workshops teil und stellen Sie fest, ob die Detailpläne angemessen unter Einbindung der Fachbereiche erarbeitet werden.

Schritt 3 – Prüfen Sie, ob die Detailpläne angemessen dokumentiert sind und wesentliche Kontrollen wie beispielsweise Zugriffschutz, Protokollierung, Testverfahren und Migrationsverfahren berücksichtigt wurden.

6.2.4 Design- und Customizingphase

Die Prüfungsinhalte dieser Phase basieren im Wesentlichen auf der Realize-Phase innerhalb des Vorgehensmodells von SAP Activate. Die Realize-Phase ist eine agile Phase, die sich wiederum in die Teilphasen Konfiguration, Test und Migration gliedern lässt. Während in dem kommenden Abschnitt die Konfiguration im Fokus steht, werden in den folgenden Abschnitten das Test- und Migrationsverfahren betrachtet.

Abb. 6.5 Die Design- und Customizingphase

Design und Customizing-001
Konzept zur Anpassung der Geschäftsprozesse

Fragestellung

Enthalten die Konzepte zur Anpassung der Geschäftsprozesse angemessene Regelungen zu

- manuellen und automatisierten Kontrollen in den IT-gestützten Geschäftsprozessen,
- internen Kontroll- und Abstimmverfahren im Rechnungswesen,
- Anpassungen und Abstimmungen von Schnittstellen,
- dem Berechtigungskonzept,
- der Überwachung der Kontrollen der IT-gestützten Geschäftsprozesse?

Basiert auf

Analyse-002

Beschreibung

In der Realize-Phase wird das System entsprechend den Detailplänen aus der Explore-Phase konfiguriert. Dies erfolgt agil in kurzen Zyklen, um Validierungen und Feedback aus den Fachabteilungen zu ermöglichen.

Ziel

Manuelle und automatisierte Kontrollen in den IT-gestützten Geschäftsprozessen sind definiert.

Interne Kontroll- und Abstimmverfahren im Rechnungswesen sind definiert.

Kontrollen zur Anpassung und Abstimmung von Schnittstellen sind definiert.

Ein den Kompetenzen entsprechendes Berechtigungskonzept ist definiert.

Maßnahmen zur Überwachung der Kontrollen innerhalb der IT-gestützten Geschäftsprozesse sind definiert.

Risiko
Wesentliche Kontrollen zur Umsetzung der Ordnungsmäßigkeits-, Sicherheits- und Kontrollanforderungen gemäß IDW RS FAIT 1 werden nicht implementiert.
Nachfolgende Prüfungshandlungen
Gemäß Ablauf
Prüfungshandlungen
Schritt 1 – Prüfen Sie, ob die manuellen und automatisierten Kontrollen in den IT-gestützten Geschäftsprozessen nachvollziehbar dokumentiert und angemessen sind. **Schritt 2** – Prüfen Sie, ob die Kontroll- und Abstimmverfahren im Rechnungswesen nachvollziehbar dokumentiert und angemessen sind. **Schritt 3** – Prüfen Sie, ob die Kontrollen zur Anpassung und Abstimmung von Schnittstellen nachvollziehbar dokumentiert und angemessen sind. **Schritt 4** – Prüfen Sie, ob ein nachvollziehbares dokumentiertes Berechtigungskonzept vorliegt. **Schritt 5** – Prüfen Sie, ob Maßnahmen zur Überwachung der Kontrollen innerhalb der IT-gestützten Geschäftsprozesse nachvollziehbar dokumentiert sind.

Design und Customizing-002
Berechtigungskonzept
Fragestellung
Liegt ein nachvollziehbar dokumentiertes Berechtigungskonzept vor, aus dem der Prozess der Zugriffsrechteverwaltung, der Umgang mit Standardbenutzern und kritischen Berechtigungen, das Rollenkonzept und kritische Berechtigungskombinationen zur Einhaltung einer Funktionstrennung beschrieben sind?
Basiert auf
Design- und Customizing-001

Beschreibung

Die Umsetzung eines angemessenen Zugriffsschutzes ist eine wesentliche generelle Kontrolle, um den Ordnungsmäßigkeits- und Sicherheitsanforderungen zu genügen. Logische Zugriffskontrollen sind wesentliche Elemente der Datensicherheit und des Datenschutzes und Voraussetzung zur Gewährleistung der Vertraulichkeit. Die Sicherheitsanforderungen Autorisierung und Authentizität bedingen zwingend logische Zugriffskontrollen. Die Prüfungshandlungen im Rahmen der Aufbauprüfung logischer Zugriffskontrollen richten sich auf die Implementierung eines organisatorischen Verfahrens zur Beantragung, Genehmigung und Einrichtung von Benutzerberechtigungen in IT-Systemen. Zugriffskontrollen sind als angemessen zu beurteilen, wenn sie geeignet sind sicherzustellen, dass die Berechtigungsverwaltung und die eingerichteten Systemrechte den Festlegungen im Berechtigungskonzept entsprechen und damit unberechtigte Zugriffe auf Daten sowie Programmabläufe zur Veränderung von Daten ausgeschlossen sind. Zudem müssen Zugriffskontrollen so ausgestaltet sein, dass sie die Identität des Benutzers eindeutig feststellen und nicht autorisierte Zugriffsversuche abgewiesen werden.

Ziel

Es existieren angemessene Kontrollmechanismen zum Zugriff auf das System.

Risiko

Ein mangelhaftes Berechtigungskonzept stellt ein erhöhtes Risiko für Fehleingaben und Manipulationen dar.

Nachfolgende Prüfungshandlungen

Gemäß Ablauf

Prüfungshandlungen

Schritt 1 – Prüfen Sie, ob der Prozess der Zugriffsrechteverwaltung innerhalb des Berechtigungskonzeptes dokumentiert ist und das Vier-Augen-Prinzip berücksichtigt wird.

Schritt 2 – Prüfen Sie, ob die Sicherheitsrichtlinien zum Passwortschutz innerhalb des Berechtigungskonzeptes dokumentiert sind.

Prüfen Sie, ob das Sicherheitsniveau des Passwortschutzes den Empfehlungen des Bundesamtes für Sicherheit in der Informationstechnik (BSI) folgt:

Parameter	Beschreibung
Minimale Kennwortlänge login/min_password_lng	Mit diesem Parameter können Sie die minimale Länge der Benutzerkennwörter festlegen.
Mindestanzahl von Ziffern in Kennwörtern login/min_password_digits	Mit diesem Parameter legen Sie die Mindestanzahl von Ziffern in Kennwörtern fest.
Mindestanzahl von Buchstaben in Kennwörtern login/min_password_letters	Mit diesem Parameter legen Sie die Mindestanzahl von Buchstaben in Kennwörtern fest.
Mindestanzahl von Sonderzeichen in Kennwörtern login/min_password_specials	Mit diesem Parameter legen Sie die Mindestanzahl von Sonderzeichen in Kennwörtern fest.
Kennwortablauffrist login/password_expiration_time	Die Kennwortablauffrist fordert Benutzer in regelmäßigen Abständen (alle x Tage) auf, ihr Kennwort zu ändern.
Mindestanzahl geänderter Zeichen in neuem Kennwort login/min_password_diff	Mit diesem Parameter legen Sie die Mindestanzahl der zu ändernden Zeichen in Kennwörtern fest.
Gültigkeit eines Initialkennwortes login/password_max_new_valid	Mit diesem Parameter legen Sie fest, wie lange ein vom Administrator vergebenes Initialkennwort gültig ist. Bitte beachten Sie, dass sich dieser Parameter nicht auf Benutzer des Typs „Service" auswirkt.

Prüfen Sie, ob die systemseitige Umsetzung der Sicherheitsrichtlinie über die entsprechenden SAP-Profilparameter erfolgt ist. Werten Sie hierzu über die Transaktion SA38 den SAP-Report RSPARAM aus.

Schritt 3 – Prüfen Sie, ob die Behandlung von Standardbenutzern (SAP*, EARLYWATCH, DDIC, SAPCPIC) innerhalb des Berechtigungskonzeptes dokumentiert ist.

Prüfen Sie, ob die Standardkennwörter der Standardbenutzer geändert wurden. Werten Sie hierzu über die Transaktion SA38 den SAP-Report RSUSR003 aus.

Prüfen Sie, ob der Standardbenutzer SAP* über den SAP-Profilparameter Login/no_automatic_user_sapstar entschärft wurde.

Schritt 4 – Prüfen Sie, ob das Berechtigungskonzept dem Prinzip der minimalen Rechte folgt.

Schritt 5 – Prüfen Sie, ob das Berechtigungskonzept das Prinzip der Funktionstrennung angemessen berücksichtigt.

Design und Customizing-003
Parametrisierungs- bzw. Customizingkonzept
Fragestellung
Ist das Parametrisierungs- bzw. Customizingkonzept entsprechend den Ordnungsmäßigkeits-, Sicherheits- sowie Kontrollanforderungen gemäß IDW RS FAIT 1 umgesetzt?
Basiert auf
Design und Customizing-001
Beschreibung
Eine angemessene Parametrisierung ist die Grundvoraussetzung, um die Ordnungsmäßigkeit und Sicherheit der Anwendung zu gewährleisten. Daher muss der projektbegleitende Prüfer beurteilen, ob die Anforderungen gemäß IDW RS FAIT 1 an das Parametrisierungs- und Customizingkonzept berücksichtigt wurden.   Typische Prüfungshandlungen zur Beurteilung der Parametrisierung bzw. des Customizing richten sich auf die   – unternehmensindividuellen Buchungsregeln und Kontenfindungen,   – Workflowsteuerungen zur Abbildung von Geschäftsprozessen,   – Ausgestaltung von Eingabe- und Verarbeitungskontrollen mittels Parametern und   – vollständige Aufzeichnung aller die Verarbeitung steuernden Stammdaten.
Ziel
Durch die Umsetzung von systemseitigen Anwendungskontrollen wird den Ordnungsmäßigkeits-, Sicherheits- sowie Kontrollanforderungen angemessen begegnet.

Anforderung: Vollständigkeit, Richtigkeit, Zeitnähe

- Unternehmensindividuelle Buchungsregeln und Kontenfindungen
- Workflowsteuerungen zur Abbildung von Geschäftsprozessen
- Ausgestaltung von Eingabe- und Verarbeitungskontrollen mittels Parametern

Anforderung: Nachvollziehbarkeit

- Vollständige Aufzeichnung aller die Verarbeitung steuernden Stammdaten

Risiko

Einzelne Ordnungsmäßigkeits- und Sicherheitsziele werden nicht erfüllt, da beispielsweise falsche Konten bebucht oder Geschäftsvorfälle nicht vollständig erfasst werden. Die Nachvollziehbarkeit ist beeinträchtigt, wenn Stammdatenänderungen nicht angemessen protokolliert werden.

Nachfolgende Prüfungshandlungen

Gemäß Ablauf

Prüfungshandlungen

Schritt 1 – Prüfen Sie, inwieweit unternehmensindividuelle Buchungsregeln und Kontenfindungen umgesetzt wurden.

Prüfen Sie in Stichpunkten mithilfe der Transaktion FBKP die Richtigkeit der hinterlegten Sachkonten.

Schritt 2 – Erheben Sie, welche prozessübergreifenden Verarbeitungskontrollen im Zusammenhang mit Verbuchungsabbrüchen und Schnittstellen implementiert wurden.

Werten Sie über die Transaktion SA38 im SAP-Report RSPARAM die Profilparameter zur Verbuchungsadministration aus (rdisp/vb*).

Werten Sie die angemessene Größe der Protokolldatei für kritische Aktivitäten „SysLog" über die Transaktion SM21 aus. Idealerweise sollte der Maximalwert eingestellt sein, um die Nachvollziehbarkeit über den Aufbewahrungszeitraum sicherzustellen.

Schritt 3 – Prüfen Sie, ob Änderungen der Parametrisierungs- bzw. Customizingeinstellungen protokolliert werden.

Werten Sie über die Transaktion SA38 im SAP-Report RSPARAM den Profilparameter zur Tabellenprotokollierung aus (rec/client). Der Parameter rec/client hat mindestens für den SAP-Mandanten aktiv zu sein, in dem sich der prüfungsrelevante Buchungskreis befindet. Dazu ist der Parameter entweder auf „ALL" oder die jeweilige Mandantennummer einzustellen.

Werten Sie über die Tabelle DD09L aus (Filter auf: „TABNAME – Tabellenname"), ob die Protokollierung für aufbewahrungspflichtige Tabellen aktiviert ist. Das Feld „PROTOKOLL – Datenänderungen protokollieren" muss über den Wert „X" aktiviert sein.

Design und Customizing-004
Softwarebescheinigung
Fragestellung
Liegt eine Softwarebescheinigung gemäß IDW PS 880 vor, durch die bestätigt wird, dass die rechtlichen Anforderungen und die Grundsätze ordnungsmäßiger Buchführung bei sachgerechter Anwendung erfüllt werden?
Basiert auf
/
Beschreibung
Softwareprüfungen umfassen die Beurteilung der für das Aufgabengebiet der Softwareprodukte notwendigen Programmfunktionen. Programmfunktionen i.S. des IDW PS 880 setzen sich zusammen aus den Verarbeitungsfunktionen und dem programminternen Kontrollsystem. Zu dem programminternen Kontrollsystem zählen insb. die Eingabe-, Verarbeitungs- und Ausgabekontrollen und die programmierte Ablaufsteuerung (Programmabläufe und programmierte Regeln zur Workflowsteuerung) einschließlich des programminternen Zugriffsschutzsystems.

Die Methodik zur Prüfung von Softwareprodukten folgt der im IDW PS 330 dargestellten Vorgehensweise bei IT-Systemprüfungen und beinhaltet die Prüfungsschritte

- Aufnahme des zu prüfenden Softwareprodukts und der Softwareentwicklungsumgebung sowie der Vollständigkeit und Aktualität der Verfahrensdokumentation
- Beurteilung des Softwareentwicklungsverfahrens einschließlich des Softwarewartungs-, Test- und Freigabeverfahrens
- Prüfung der Angemessenheit der für das Aufgabengebiet des Softwareprodukts notwendigen Programmfunktionen (Aufbauprüfung) und die Aussagefähigkeit der diesbezüglichen Verfahrensdokumentation
- Prüfung der sachgerechten programmtechnischen Umsetzung der als angemessen beurteilten Programmfunktionen (Funktionsprüfung)

Ziel
Das Softwareprodukt ermöglicht bei sachgerechter Anwendung, den Anforderungen gemäß IDW RS FAIT 1 bis FAIT 5 zu entsprechen.
Risiko
Einzelne Ordnungsmäßigkeits- und Sicherheitsziele werden nicht erfüllt, da beispielsweise keine Protokollierungsfunktionen für Stammdatenänderungen implementiert wurden.
Nachfolgende Prüfungshandlungen
Gemäß Ablauf
Prüfungshandlungen

Schritt 1 – Prüfen Sie, ob für die eingesetzte Anwendung oder einzelne Module eine Softwarebescheinigung gemäß IDW PS 880 vorliegt. Fordern Sie ggf. die Bescheinigung samt Prüfungsbericht an.

Schritt 2 – Prüfen Sie, auf Basis des Prüfungsberichts, welche Anforderungen der Prüfung zugrunde liegen und ob diese bei sachgerechter Anwendung erfüllt werden.

Schritt 3 – Prüfen Sie, welche Kriterien laut Prüfbericht seitens des Anwenders umgesetzt werden müssen, um einer sachgerechten Anwendung zu genügen.

> **Schritt 4** – Prüfen Sie, ob die im Prüfbericht genannten Kriterien innerhalb des Parametrisierungs- und Customizingkonzeptes berücksichtigt und umgesetzt wurden.

6.2.5 Testphase

Die Prüfungsinhalte dieser Phase basieren im Wesentlichen auf der Realizephase innerhalb des Vorgehensmodells von SAP Activate.

Abb. 6.6 Die Testphase

Test-001
Testkonzept
Fragestellung
Werden Tests gemäß den Projektvorgaben geplant, vorbereitet und durchgeführt? Werden die Testergebnisse nachvollziehbar dokumentiert? Existiert ein standardisierter Prozess zur Fehlerbereinigung?
Basiert auf
Design und Customizing-001 bis 005
Beschreibung
Der Erfolg einer Systemimplementierung ist wesentlich von den Testverfahren und den fachlichen und methodischen Qualifikationen der Testmitarbeiter abhängig.
Daher gilt es, u. a. die folgenden Punkte sicherzustellen:
– Angemessene Testumgebung   – Angemessene Einstellung zur Bedeutung von Tests   – Einbindung qualifizierter Mitarbeiter   – Testplanung und Einsatz moderner Testmethoden und -Werkzeuge (z. B. Solution Manager)

Die Beseitigung der Fehler muss über einen standardisierten Prozess erfolgen.

Ziel

Systemfehler werden vor der Produktivsetzung erkannt und beseitigt.

Risiko

Systemfehler gelangen in das Produktivsystem und gefährden die Ordnungsmäßigkeit und Sicherheit.

Nachfolgende Prüfungshandlungen

Produktivsetzung-001

Prüfungshandlungen

Schritt 1 – Lassen Sie sich die Inhalte des Testkonzeptes erläutern.

Schritt 2 – Lassen Sie sich die Testlandschaft erläutern. Prüfen Sie, ob entweder ein eigenes Migrationssystem oder zumindest ein eigener Migrationsmandant im Entwicklungssystem und im Quellsystem vorhanden ist.

Schritt 3 – Lassen Sie sich die Planung, Testmethoden und Werkzeuge erläutern und prüfen Sie deren Angemessenheit.

Schritt 4 – Prüfen Sie, ob ein definierter Prozess zum Fehlermanagement vorliegt.

Schritt 5 – Prüfen Sie, ob die Testdokumentation nachvollziehbar erfolgt.

6.2.6 Datenmigrationsphase

Die Prüfungsinhalte dieser Phase basieren im Wesentlichen auf der Realizephase innerhalb des Vorgehensmodells von SAP Activate.

Abb. 6.7 Die Datenmigrationsphase

Obwohl für die Datenmigrationsphase ein Großteil der personellen und finanziellen Projektressourcen verbraucht werden, wird der Datenmigration häufig keine angemessene Beachtung geschenkt.[45] Doch nicht nur aufgrund der beschränkten Projektressourcen sollte für die Datenmigration ein eigenständiges Teilprojekt innerhalb des Gesamtprojektes vorgesehen werden. Insbesondere der Aussagegehalt der migrierten Daten, der im Wesentlichen von der Datenqualität (Vollständigkeit, Richtigkeit) abhängt, erfordert einen besonderen Fokus auf die Kontrollen innerhalb dieses Teilprojektes. Daher werden im Folgenden exemplarische Prüfungshandlungen zu jeder einzelnen Phase der Datenmigration vorgestellt.

Hinweis:
In der Praxis wird häufig versucht, entweder im Rahmen der Jahresabschlussprüfung oder in einer dem Projekt nachgelagerten Sonderprüfung, die Vollständigkeit und Richtigkeit der Datenmigration zu prüfen. Dies stellt die Prüfer jedoch aufgrund fehlender Dokumentationen oftmals vor nicht zu überwindende Hürden.

Daher ist es aus Prüfersicht entscheidend, dass die Dokumentationsanforderungen innerhalb der Datenmigrationsphase penibel eingehalten werden. Der Grundsatz der Nachvollziehbarkeit muss auch über den gesamten Migrationsprozess sichergestellt sein. Durch die Einbindung eines projektbegleitenden Prüfers kann dies gewährleistet werden.

Stellen Sie als Jahresabschlussprüfer fest, dass der Mandant eine Migration durchführt, Sie diese jedoch nicht begleiten, sollten Sie ihn explizit auf die Dokumentationsanforderungen hinweisen.

Die Aufgaben einer Datenmigration lassen sich in sieben iterative Phasen gliedern:

1. Datenanalyse
2. Datenbereinigung
3. Mapping

---

[45] Vgl. Willinger, Michael/Gradl, Johann/Densborn, Frank/Roth, Michael/Finkbohner, Frank: Datenmigration in SAP, Bonn 2015, S. 29ff.

4. Implementierung
5. Migrationstest
6. Datenvalidierung
7. Produktives Laden und Support[46]

Für den Projekterfolg ist es essenziell, sich frühzeitig mit der Datenmigration auseinanderzusetzen und diese in die einzelnen Projektphasen des Vorgehensmodells SAP Activate einzubinden.

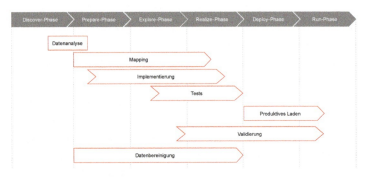

Abb. 6.8 Datenmigrationsphasen in SAP Activate[47]

Der Abbildung ist zu entnehmen, dass die Datenanalyse bereits in der Vorbereitungsphase (Prepare) startet.

Datenmigration-001
Datenanalyse
Fragestellung
Wurden für alle Migrationsobjekte die wesentlichen Informationen innerhalb einer Migrationsobjektübersicht dokumentiert?
Basiert auf
Definition-001

---

[46] Vgl. Densborn, Frank/Finkbohner, Frank/Freudenberg, Jochen/Mathäß, Kim/Wagner, Frank: Migration nach SAP S/4HANA, Bonn 2018, S. 379ff.
[47] Vgl. Densborn, Frank/Finkbohner, Frank/Freudenberg, Jochen/Mathäß, Kim/Wagner, Frank: Migration nach SAP S/4HANA, Bonn 2018, S. 380ff.

Beschreibung

Bei der Modellierung der Geschäftsprozesse müssen die benötigten Business-Objekte und die relevanten Stamm- und Bewegungsdaten festgelegt werden. Dabei sollten für jedes Objekt die folgenden Informationen erfasst werden:

- Migrationsobjekt und eine Beschreibung
- Objekttyp (Stammdaten, Bewegungsdaten, Customizing, sonstige Daten)
- Geschätzte Komplexität des Migrationsobjekts auf einer Skala von 1 = wenig komplex bis 10 = sehr komplex
- Abhängigkeiten zu anderen Migrationsobjekten
- Anzahl der zu ladenden Datensätze
- Quellsysteme
- Wichtige Ansprechpartner
- Geplante Datenübernahmetechnik
- Zugehörige Planungsdokumente bzw. Geschäftsprozesse

Ziel

Durch die frühzeitige Auseinandersetzung mit den Migrationsobjekten können Fehlerquellen rechtzeitig erkannt und eliminiert werden.

Risiko

Fehlerquellen werden nicht rechtzeitig erkannt

Nachfolgende Prüfungshandlungen

Gemäß Ablauf

Prüfungshandlungen

Schritt 1 – Prüfen Sie, ob die Dokumentation der Migrationsobjekte angemessen ist und die notwendigen Informationen enthalten sind.

Schritt 2 – Lassen Sie sich die geplanten Datenübernahmetechniken erläutern.

Schritt 3 – Sichten Sie in Stichpunkten die innerhalb der Dokumentation aufgeführten Planungsdokumente bzw. Geschäftsprozesse.

Datenmigration-002
Datenbereinigung

Fragestellung

Werden festgestellte Fehler in den Quelldaten über einen Standardprozess im Quellsystem bereinigt?

Basiert auf

Datenmigration-001, Datenmigration-005

Beschreibung

Je besser die Qualität der Quelldaten ist, desto höher ist die Qualität der Daten im Zielsystem. Dabei wird der Datenbereinigung häufig nicht die nötige Aufmerksamkeit entgegengebracht. Auch bei der Datenbereinigung muss der Grundsatz der Nachvollziehbarkeit eingehalten werden. Daher sollte die Bereinigung der Daten im Quellsystem über einen standardisierten Prozess erfolgen. Die vorhandenen Mitarbeiter zur Datenbereinigung müssen angemessen in das Migrationsteam eingebunden werden.

Ferner gilt es zu klären, wie die Archivierung der Daten erfolgt, die nicht übernommen werden.

Ziel

Durch die Qualität der Quelldaten werden Fehler bei der Datenmigration minimiert.

Risiko

Fehlerhafte Quelldaten führen zu einer Beeinträchtigung der Integrität (Vollständigkeit, Richtigkeit) im Zielsystem.

Nachfolgende Prüfungshandlungen

Gemäß Ablauf

Prüfungshandlungen

Schritt 1 – Lassen Sie sich den Prozess und die Verantwortlichkeiten zur Datenbereinigung erläutern.

Schritt 2 – Prüfen Sie, inwieweit der Grundsatz der Nachvollziehbarkeit durch den Prozess eingehalten wird.

Schritt 3 – Prüfen Sie, ob die verantwortlichen Fachbereiche angemessen in die Datenmigration eingebunden sind.

Schritt 4 – Prüfen Sie, ob festgestellte Fehler zeitnah und nachvollziehbar bereinigt werden.

Schritt 5 – Prüfen Sie, ob der Aufbewahrungspflicht mit einem angemessenen Archivierungskonzept begegnet wird.

Datenmigration-003
Mapping

Fragestellung
Erfolgt das Mapping über die mit SAP Best Practices ausgelieferten vordefinierten Migrationsvorlagen? Werden sowohl Mitarbeiter mit technischem Wissen über das Quellsystem als auch Mitarbeiter mit fachlichem Prozesswissen in das Mapping eingebunden? Werden bereits während des Mappings die jeweiligen Validierungsroutinen festgehalten?

Basiert auf
Datenmigration-001

Beschreibung
Nachdem festgelegt wurde, welche Datenobjekte migriert werden sollen, liegt die Aufgabe nun darin, die Strukturen und Felder des Quellsystems auf die Strukturen und Felder der Zielanwendung zu mappen. Das Mapping ist ein ganz wesentlicher Schritt innerhalb der Datenmigration. Das Mapping kann unter Verwendung von Migrationsvorlagen erfolgen (Papier-Mapping). SAP stellt diese im Best-Practice-Paket für SAP S/4HANA unter dem Namen „Rapid Data Migration" im eigenen Tool „SAP Migration Cockpit" (Nachfolger der LSMW – Legacy System Migration Workbench, welche unter S/4HANA nicht mehr unterstützt wird) bereit. Die Migrationsvorlagen dürfen nicht verändert werden, da ansonsten fehlerhafte Daten ins Zielsystem geladen werden könnten. Durch die Zusammenarbeit von Anwendungsbetreuern des Quellsystems und den Prozessverantwortlichen gilt es, das Mapping unter Einsatz von Best Practices vollständig, richtig und nachvollziehbar durchzuführen. Durch die Definition von standardisierten Validierungsroutinen wird den Risiken eines fehlerhaften Mappings im weiteren Verlauf begegnet.

Ziel
Durch den Einsatz von Best Practices und eine angemessene Mitarbeitereinbindung wird dem Risiko eines fehlerhaften Mappings begegnet. Durch angemessene Validierungsroutinen werden Fehler rechtzeitig aufgedeckt.
Risiko
Ein fehlerhaftes Mapping führt zu einer Beeinträchtigung der Integrität (Vollständigkeit, Richtigkeit) im Zielsystem.
Nachfolgende Prüfungshandlungen
Gemäß Ablauf
Prüfungshandlungen
Schritt 1 – Lassen Sie sich die Verantwortlichkeiten und Kompetenzen zum Mapping erläutern. **Schritt 2** – Prüfen Sie, ob Anwendungsbetreuer des Quellsystems und Prozessverantwortliche aus den Fachbereichen angemessen eingebunden werden. **Schritt 3** - Stellen Sie fest, ob für das Mapping der einzelnen Migrationsobjekte angemessene zeitliche Ressourcen eingeplant werden. **Schritt 4** – Stellen Sie fest, dass die Migrationsvorlagen entsprechend den Hinweisen zum Ausfüllen der Templates genutzt werden. **Schritt 5** – Prüfen Sie, ob die Validierung der Daten festgelegt und auf vorgefertigte Validierungsregeln und -routinen zurückgegriffen wird.

Datenmigration-004 **Implementierung**
Fragestellung
Werden die von SAP empfohlenen Datenübernahmewerkzeuge verwendet?
Basiert auf
Datenmigration-003

Beschreibung

In der Implementierungsphase werden normalerweise sowohl Extraktionsprogramme des Quellsystems als auch Übernahmeroutinen für das Zielsystem entwickelt. Für ein SAP-S/4HANA-System, das auf Basis der SAP Best Practices eingerichtet wird, sollten die von SAP empfohlenen Datenübernahmewerkzeuge verwendet werden. Mit der „Rapid Data Migration" und dem „SAP Migration Cockpit" wird für die unterstützten Migrationsobjekte bereits ein Best Practice Content bereitgestellt. Dabei müssen im Rahmen des Mappings „nur" die Quelldaten in den Migrationsvorlagen erfasst und die Quell-/Zielwert-Umschlüsselungen definiert werden. Unter bestimmten Umständen können Daten auch manuell erfasst werden. Auch bei diesem Prozedere gilt es, die Vollständigkeit, Richtigkeit und Nachvollziehbarkeit zu gewährleisten.

Ziel

Durch den Einsatz von Best Practices wird dem Risiko eines fehlerhaften Mappings begegnet.

Risiko

Ein fehlerhaftes Mapping führt zu einer Beeinträchtigung der Integrität (Vollständigkeit, Richtigkeit) im Zielsystem.

Nachfolgende Prüfungshandlungen

Gemäß Ablauf

Prüfungshandlungen

Schritt 1 – Lassen Sie sich die Mapping-Werkzeuge anhand von Mappings einzelner Migrationsobjekte erläutern.

Schritt 2 – Stellen Sie fest, ob das Mapping auf Basis von Best Practices erfolgt.

Schritt 3 – Prüfen Sie, ob einzelne Migrationsobjekte manuell erfasst werden. Stellen Sie fest, ob dabei die Ordnungsmäßigkeitskriterien eingehalten werden.

Datenmigration-005

Migrationstests

Fragestellung

Wird die Qualität der zu ladenden Daten durch angemessene Testverfahren sichergestellt?

Basiert auf

Datenmigration-001, Datenmigration-002, Datenmigration-003

Beschreibung

Für den Erfolg einer Implementierung ist das Testen von zentraler Bedeutung. Jedoch wird in der Regel den Testverfahren viel zu wenig Bedeutung beigemessen. Je intensiver getestet wird, desto höher wird am Ende die Datenqualität im Zielsystem sein. Im Rahmen der Migrationsphase gilt es festzustellen, ob die verschiedenen Arbeitspakete zum Testen berücksichtigt werden:

- Testdaten bereitstellen
- Testlandschaft planen
- Testlandschaft einrichten
- Testpläne erstellen
- Gesamte Datenübernahme testen
- Testdokumentation

Durch System-Snapshots zu definierten Zeitpunkten kann das System nach fehlerhaften Ladevorgängen mit angemessenem Aufwand zurückgesetzt werden. Dies spart Zeit und Aufwand.

Ziel

Die Qualität der zu ladenden Daten wird durch angemessene Testverfahren sichergestellt.

Risiko

Durch schlechte und unzureichend geplante Testverfahren gelangen fehlerhafte Daten in das Produktivsystem.

Nachfolgende Prüfungshandlungen

Gemäß Ablauf

Prüfungshandlungen
Schritt 1 – Lassen Sie sich die Inhalte des Testkonzeptes zur Datenmigration erläutern.
Schritt 2 – Prüfen Sie, ob das Testkonzept die erwarteten Arbeitspakete berücksichtigt.
Schritt 3 – Prüfen Sie, ob System-Snapshots vorgesehen sind.
Schritt 4 – Prüfen Sie, ob die gesamte Datenübernahme mindestens zweimal getestet wird.
Schritt 5 – Prüfen Sie, ob die Testdokumentation nachvollziehbar erfolgt.

Datenmigration-006
Datenvalidierung
Fragestellung
Finden vor dem produktiven Laden der Daten angemessene Validierungsroutinen statt, um syntaktische und semantische Fehler aufzudecken?
Basiert auf
Datenmigration-003, Datenmigration-005
Beschreibung
Bevor die Daten in das Produktivsystem geladen werden, muss ihre Validität geprüft werden. Das heißt, die Daten müssen syntaktisch und semantisch korrekt sein. Dabei ist ein Wert syntaktisch richtig, wenn er dem Datentyp und der Länge des Feldes entspricht. Semantisch richtig ist der Wert, wenn der im Zusammenspiel mit den anderen Werten des Datensatzes sinnvoll ist. SAP bietet neben der „Rapid Data Migration Lösung" verschiedene Werkzeuge zur Validierung, auf die zurückgegriffen werden sollte.
Ziel
Semantische und syntaktische Fehler werden vor dem Laden in das Produktivsystem beseitigt.

Risiko
Fehlerhafte Daten werden in das Produktivsystem übernommen und gefährden die Integrität der Daten.
Nachfolgende Prüfungshandlungen
Gemäß Ablauf
Prüfungshandlungen
Schritt 1 – Lassen Sie sich die Validierungs-Werkzeuge anhand einzelner Migrationsobjekte erläutern. **Schritt 2** – Stellen Sie fest, ob die Validierung auf Basis von Best Practices erfolgt. **Schritt 3** – Stellen Sie fest, ob die Validierung vor der Datenübernahme erfolgt.

Datenmigration-007
Produktives Laden und Support
Fragestellung
Wurde mindestens einmal die gesamte Datenmigration und der Zeitplan in einer Generalprobe durchgespielt?
Basiert auf
Datenmigration-005
Beschreibung
Die letzte und kritischste Phase einer Datenmigration ist das produktive Laden. In dieser Phase gilt es, die gesamte Datenmigration und den Zeitplan so reell wie möglich in einer Generalprobe durchzuspielen. Hierzu muss ein „Cut-Over-Migrationsplan" erstellt werden, in dem u. a. die Ladereihenfolge und der zeitliche Ablauf definiert sind. Der Migrationsplan muss dabei auch Randthemen beinhalten wie beispielsweise Ausfallzeiten der IT sowie die Deaktivierung von Schnittstellen und Backup-Läufen.
Ziel
Durch eine detaillierte Planung und Testung wird das produktive Laden der Daten erfolgreich durchgeführt.

Risiko
Nicht berücksichtigte Randthemen gefährden den Ladeprozess.
Nachfolgende Prüfungshandlungen
Gemäß Ablauf
Prüfungshandlungen
Schritt 1 – Prüfen Sie die Testergebnisse der gesamten Datenübernahme.
Schritt 2 – Prüfen Sie den Cut-Over-Plan inklusive des endgültigen Migrationsladeplans auf seine angemessene Detailtiefe.
Schritt 3 – Prüfen Sie, ob Randthemen wie Ausfallzeiten der IT oder die Deaktivierung von Schnittstellen und Backup-Läufen berücksichtigt werden.

6.2.7 Produktivsetzungsphase

Die Prüfungsinhalte dieser Phase basieren im Wesentlichen auf der Deploy- und der Run-phase innerhalb des Vorgehensmodells von SAP Activate.

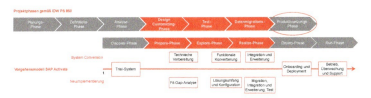

Abb. 6.9 Die Produktivsetzungsphase

Produktivsetzung-001
Deploy (Bereitstellen)
Fragestellung
Ist eine schriftliche Einsatzfreigabe durch die Fachbereiche erfolgt?
Basiert auf
Datenmigration-003, Datenmigration-005, Datenmigration-006, Datenmigraton-007

Beschreibung
Das neue SAP-S/4HANA-System steht kurz vor dem Go-live und die finalen Vorbereitungen für den Cut-over werden durchgeführt. Das System, die Daten und die Benutzer müssen für den produktiven Einsatz bereit sein, bevor das neue System live geschaltet und das Altsystem abgelöst wird. Die Grundlage ist insbesondere die dokumentierte Einsatzfreigabe durch die Fachbereiche (Abnahmeerklärung). Verschiedene Teilfreigaben bzw. -abnahmen – u. U. auch zeitlich überlappend – können insgesamt eine einheitliche Einsatzfreigabe ersetzen. Als weitere Voraussetzung für die Produktivsetzung müssen auch die erforderlichen Schulungen und Einweisungen sowohl der künftigen Benutzer als auch des IT-Personals erfolgt sein. Aus der Abnahmeerklärung sollte hervorgehen, dass aus Sicht der Fachbereiche – die fachlichen und gesetzlichen Anforderungen an das IT-gestützte Rechnungslegungssystem sowie die vereinbarten Sicherheitsanforderungen erfüllt sind, – die im Rahmen des Projekts durchzuführenden Qualitätssicherungsmaßnahmen einschließlich der erforderlichen Tests erfolgten und – die notwendige Verfahrensdokumentation (einschließlich der Anwenderdokumentationen, System- und Schnittstellenbeschreibungen) sowie Organisationsrichtlinien und Anweisungen vorliegen bzw. umgesetzt wurden.
Ziel
Die Voraussetzungen für eine Produktivsetzung in den Regelbetrieb liegen vor.
Risiko
Es wurden nicht alle Voraussetzungen für eine Produktivsetzung umgesetzt. Probleme aus Ordnungsmäßigkeits-, Sicherheits- und Kontrollgesichtspunkten werden nicht thematisiert und gelöst.
Nachfolgende Prüfungshandlungen
Gemäß Ablauf
Prüfungshandlungen
Schritt 1 – Prüfen Sie, ob eine dokumentierte Einsatzfreigabe durch die Fachbereiche erfolgt.

Schritt 2 – Prüfen Sie, ob aus den Einsatzfreigaben die Erfüllung der fachlichen und regulatorischen Anforderungen, die Durchführung von Qualitätssicherungsmaßnahmen sowie die Umsetzung einer angemessene Verfahrensdokumentation hervorgehen.

Schritt 3 – Prüfen Sie auf Basis des Schulungskonzeptes, ob die künftigen Benutzer angemessen geschult werden.

Produktivsetzung-002

Run (laufendes System)

Fragestellung

Werden angemessene Vorkehrungen für den Regelbetrieb berücksichtigt?

Basiert auf

Produktivsetzung-001

Beschreibung

Das Implementierungsprojekt ist mit dem Ende der Deploy-Phase zwar abgeschlossen, dennoch gilt es, auch im Rahmen der Run-Phase mögliche Risiken zu erkennen und Maßnahmen zu ergreifen. Daher muss in dieser Phase der Fokus auf dem Regelbetrieb liegen. Der Einsatz von Monitoring-Tools zur Überwachung der Systemlandschaft sowie eine gemanagte interne und externe Supportstruktur gehören, neben einem definierten Problemmanagement, zu den erforderlichen Maßnahmen.

Ziel

Mögliche Risiken werden nach Produktivsetzung frühzeitig erkannt und durch einen standardisierten Prozess gemanagt.

Risiko

Fehler werden nicht rechtzeitig erkannt und beseitigt. Die Verfügbarkeit kann nicht gewährleistet werden.

Nachfolgende Prüfungshandlungen

Gemäß Ablauf

Prüfungshandlungen

Schritt 1 – Prüfen Sie, ob die interne und externe Supportstruktur zum Produktivstart etabliert ist.

Schritt 2 – Prüfen Sie, ob die Systeme über Monitoring-Tools überwacht werden.

Schritt 3 – Prüfen Sie, ob ein definierter Prozess zum Problemmanagement vorliegt.

Produktivsetzung-003

Verfahrensdokumentation

Fragestellung

Liegt eine ordnungsmäßige Verfahrensdokumentation vor, die die Beschreibung aller zum Verständnis der Rechnungslegung erforderlichen Verfahrensbestandteile enthält?

Basiert auf

/

Beschreibung

Auch in einer IT-gestützten Rechnungslegung muss die Buchführung einem sachverständigen Dritten innerhalb angemessener Zeit einen Überblick über die Geschäftsvorfälle und die Lage des Unternehmens vermitteln (§ 238 Abs. 1 Satz 2 HGB) und müssen sich die Geschäftsvorfälle in ihrer Entstehung und Abwicklung verfolgen lassen (§ 238 Abs. 1 Satz 3 HGB).

Die Anwenderdokumentation muss alle Informationen enthalten, die für eine sachgerechte Bedienung einer IT-Anwendung erforderlich sind.

Die technische Systemdokumentation enthält eine technische Darstellung der IT-Anwendung. Sie ist Grundlage für die Einrichtung eines sicheren und geordneten IT-Betriebs sowie für die Wartung der IT-Anwendung durch den Programmersteller.

Die Betriebsdokumentation dient der Dokumentation der ordnungsgemäßen Anwendung des Verfahrens. Dies betrifft u. a. Datensicherungsverfahren und Verarbeitungsnachweise (Verarbeitungs- und Abstimmprotokolle).

Ziel
Die Verfahrensdokumentation ermöglicht einem sachverständigen Dritten den Nachvollzug der IT-gestützten Geschäftsprozesse in ihrer Entstehung und Abwicklung.
Risiko
Eine fehlende oder ungenügende Verfahrensdokumentation kann zu einem formellen Mangel mit sachlichem Gewicht führen, der wiederum zum Verwerfen der Buchführung führen kann.
Nachfolgende Prüfungshandlungen
/
Prüfungshandlungen
Schritt 1 – Prüfen Sie, ob eine Verfahrensdokumentation vorhanden ist. **Schritt 2** – Prüfen Sie, ob wesentliche Verfahrensbestandteile (z. B. Prozessbeschreibungen, Schnittstellen, Berechtigungskonzept, Datensicherungskonzept) in der Dokumentation nachvollziehbar definiert sind. **Schritt 3** – Prüfen Sie die Wirksamkeit der Verfahren anhand ausgewählter Stichpunkte.

7 Checkliste Prüfungsschritte

Die folgende Übersicht listet alle Prüfungsschritte dieses Buches auf. Sie soll als Checkliste in einer Migrationsprüfung dienen, um sicherzustellen, dass auch alle Prüfungsschritte durchgeführt wurden. Fertigen Sie am besten eine Kopie der Liste an und nehmen Sie diese zu Ihren Unterlagen. Alle Prüfungsschritte sind in der chronologischen Reihenfolge ihrer Bearbeitung dargestellt, Sie können die Prüfungsschritte also am besten von oben nach unten bearbeiten.

Mandant, Ort	
Migration zum	
Datum	
Prüfer	

Nr. Prüfungsschritt Frage	durchgeführt	Beanstandung	Bemerkung
Planungsphase (Planung)			
Planung-001 Machbarkeitsstudie – Projektauftrag Verschaffen Sie sich einen Überblick über die Unternehmensstrategie.			
Planung-001 Machbarkeitsstudie – Projektauftrag Verschaffen Sie sich einen Überblick über die IT-Strategie.			
Planung-001 Machbarkeitsstudie – Projektauftrag Prüfen Sie, ob die IT-Strategie kongruent mit der Unternehmensstrategie ist.			

Nr. Prüfungsschritt Frage	durchgeführt	Beanstandung	Bemerkung
Planungsphase (Planung)			
Planung-001 Machbarkeitsstudie – Projektauftrag Prüfen Sie, ob im Rahmen der Initialisierung eine Machbarkeitsstudie für das Projekt durchgeführt wird. Dabei gilt es zu beurteilen, ob die mit dem Projekt verbundenen qualitativen Ziele mit den personellen und finanziellen Ressourcen in der vorgesehenen Zeit umgesetzt werden können. Stellen Sie fest, ob mögliche Risiken u. a. Interdependenzen angemessen berücksichtigt werden.			
Planung-001 Machbarkeitsstudie – Projektauftrag Prüfen Sie, ob der Projektauftrag vorliegt und von der Unternehmensleitung freigegeben wurde.			
Planung-002 Aufbauorganisation – Verantwortlichkeiten, Kompetenzen Prüfen Sie, ob die Projektorganisation schriftlich definiert wurde.			

Nr. Prüfungsschritt Frage	durchgeführt	Beanstandung	Bemerkung
Planungsphase (Planung)			
Planung-002 Aufbauorganisation – Verantwortlichkeiten, Kompetenzen Prüfen Sie, ob die folgenden wesentlichen Rollen in der Organisation berücksichtigt wurden: – Lenkungsausschuss – Projektleitung intern – Projektleitung extern (Dienstleister) – Prozessverantwortliche aus den Fachbereichen – Projektteam – Projektbüro			
Planung-002 Aufbauorganisation – Verantwortlichkeiten, Kompetenzen Prüfen Sie, ob die personelle Zuordnung der Rollen angemessen ist. Da insbesondere die Projektleitung einen zentralen Beitrag zum Erfolg des Projektes leisten muss, sollten Sie sich u. a. auf Basis von Referenzen von der notwendigen Kompetenz überzeugen.			
Planung-003 Ressourcen- und Terminplanungen Prüfen Sie, ob eine Aufwands-, Personal- und Zeitbedarfsplanung durchgeführt wurde.			
Planung-003 Ressourcen- und Terminplanungen Prüfen Sie, ob die Planungen auf Basis eines dokumentierten Projektumfangs (Lastenheft, vgl. 6.2.2 Definitionsphase – Lastenheft Anforderungsspezifikation) durchgeführt wurden.			

Nr. Prüfungsschritt Frage	durchgeführt	Beanstandung	Bemerkung
Planungsphase (Planung)			
Planung-003 Ressourcen- und Terminplanungen Plausibilisieren Sie, ob die Planungen angemessen aus den Anforderungen abgeleitet wurden.			
Planung-004 Projektkommunikation und -dokumentation Verschaffen Sie sich einen Überblick über die Kommunikationsstruktur.			
Planung-004 Projektkommunikation und -dokumentation Prüfen Sie, ob eine angemessene und zeitgerechte Dokumentation und Kommunikation der Projektergebnisse erfolgen.			
Planung-004 Projektkommunikation und -dokumentation Prüfen Sie, ob geeignete Kriterien definiert sind, die eine Berichtspflicht auslösen.			
Planung-004 Projektkommunikation und -dokumentation Prüfen Sie, ob eine Eskalation von Umsetzungsproblemen bis zur Unternehmensleitung vorgesehen ist.			

Nr. Prüfungsschritt Frage	durchgeführt	Beanstandung	Bemerkung
Planungsphase (Planung)			
Planung-005 Phasenorientierte Projektsteuerung Prüfen Sie auf Basis der Projektdokumentation, inwieweit Kontrollen zur Einhaltung der Projektphasen und des Projektbudgets erfolgen.			
Planung-005 Phasenorientierte Projektsteuerung Prüfen Sie, ob Abweichungsanalysen durchgeführt werden, anhand derer Projektrisiken zeitnah erkannt werden.			
Definitionsphase (Definition)			
Definition-001 Discover (Entdecken) Prüfen Sie, ob der Entscheidung für ein Übergangsszenario angemessene Pre-Checks vorausgegangen sind. Lassen Sie sich die Ergebnisse auch anhand des SAP Readiness Checks erläutern.			
Definition-001 Discover (Entdecken) Lassen Sie sich den Anpassungsaufwand anhand der Ergebnisse der Custom-Code-Analyse erläutern.			
Definition-001 Discover (Entdecken) Lassen Sie sich den potenziellen Mehrwert des bestehenden SAP-ERP-Systems erläutern, der mit dem SAP Innovation and Optimization Pathfinder ermittelt wurde.			

Nr. Prüfungsschritt Frage	durchgeführt	Beanstandung	Bemerkung
Definitionsphase (Definition)			
Definition-001 Discover (Entdecken) Lassen Sie sich anhand des SAP Transformation Navigators den Weg zu SAP S/4HANA erläutern.			
Definition-001 Discover (Entdecken) Lassen Sie sich erläutern, inwieweit die Simplification List als Informationsquelle zur Ermittlung des potentiellen Anpassungsbedarfs eingesetzt wurde.			
Analysephase (Analyse)			
Analyse-001 Prepare (Vorbereiten) Prüfen Sie, ob vertraglich sichergestellt wird, dass der Dienstleister sein dienstleistungsbezogenes internes Kontrollsystem einer regelmäßigen Prüfung (z. B. nach IDW PS 951 oder ISAE 3402) unterzieht und die Ergebnisse auch kostenfrei zur Verfügung stellt.			
Analyse-001 Prepare (Vorbereiten) Prüfen Sie, ob vertraglich ein Prüfrecht seitens des Mandanten vorgesehen ist, durch das eine Vor-Ort-Prüfmöglichkeit eingeräumt wird.			
Analyse-001 Prepare (Vorbereiten) Prüfen Sie, ob vertraglich explizit der Umgang mit den Daten während (Aufbewahrung) und nach der Nutzung der Dienstleistung (Herausgabe) geregelt ist.			

Checkliste Prüfungsschritte

Nr. Prüfungsschritt Frage	durchgeführt	Beanstandung	Bemerkung
Analysephase (Analyse)			
Analyse-002 Explore (Analysieren) Prüfen Sie, ob die Workshops in inhaltlicher, zeitlicher und personeller Hinsicht angemessen geplant wurden.			
Analyse-002 Explore (Analysieren) Nehmen Sie möglichst an einem der ersten Workshops teil und stellen Sie fest, ob die Detailpläne unter Einbindung der Fachbereiche angemessen erarbeitet werden.			
Analyse-002 Explore (Analysieren) Prüfen Sie, ob die Detailpläne angemessen dokumentiert sind und wesentliche Faktoren wie beispielsweise Zugriffschutz, Protokollierung, Testverfahren und Migrationsverfahren berücksichtigt wurden.			
Design- und Customizingphase (Design und Customizing)			
Design und Customizing-001 Konzept zur Anpassung der Geschäftsprozesse Prüfen Sie, ob die manuellen und automatisierten Kontrollen in den IT-gestützten Geschäftsprozessen nachvollziehbar dokumentiert und angemessen sind.			

Nr. Prüfungsschritt Frage	durchgeführt	Beanstandung	Bemerkung
Design- und Customizingphase (Design und Customizing)			
Design und Customizing-001 Konzept zur Anpassung der Geschäftsprozesse Prüfen Sie, ob die Kontroll- und Abstimmverfahren im Rechnungswesen nachvollziehbar dokumentiert und angemessen sind.			
Design und Customizing-001 Konzept zur Anpassung der Geschäftsprozesse Prüfen Sie, ob die Kontrollen zur Anpassung und Abstimmung von Schnittstellen nachvollziehbar dokumentiert und angemessen sind.			
Design und Customizing-001 Konzept zur Anpassung der Geschäftsprozesse Prüfen Sie, ob ein nachvollziehbares dokumentiertes Berechtigungskonzept vorliegt.			
Design und Customizing-001 Konzept zur Anpassung der Geschäftsprozesse Prüfen Sie, ob Maßnahmen zur Überwachung der Kontrollen innerhalb der IT-gestützten Geschäftsprozesse nachvollziehbar dokumentiert sind.			
Design und Customizing-002 Berechtigungskonzept Prüfen Sie, ob der Prozess der Zugriffsrechteverwaltung innerhalb des Berechtigungskonzeptes dokumentiert ist und das Vier-Augen-Prinzip berücksichtigt wird.			

Nr. Prüfungsschritt Frage	durchgeführt	Beanstandung	Bemerkung
Design- und Customizingphase (Design und Customizing)			
Design und Customizing-002 Berechtigungskonzept Prüfen Sie, ob die Sicherheitsrichtlinie zum Passwortschutz innerhalb des Berechtigungskonzeptes dokumentiert ist. Prüfen Sie, ob das Sicherheitsniveau des Passwortschutzes den Empfehlungen des Bundesamtes für Sicherheit in der Informationstechnik (BSI) folgt. Prüfen Sie, ob die systemseitige Umsetzung der Sicherheitsrichtlinie über die entsprechenden SAP-Profilparameter erfolgt ist. Werten Sie hierzu über die Transaktion SA38 den SAP-Report RSPARAM aus.			
Design und Customizing-002 Berechtigungskonzept Prüfen Sie, ob die Behandlung von Standardbenutzern (SAP*, EARLYWATCH, DDIC, SAPCPIC) innerhalb des Berechtigungskonzeptes dokumentiert ist. Prüfen Sie, ob die Standardkennwörter der Standardbenutzer geändert wurden. Werten Sie hierzu über die Transaktion SA38 den SAP-Report RSUSR003 aus. Prüfen Sie, ob der Standardbenutzer SAP* über den SAP-Profilparameter Login/no_automatic_user_sapstar entschärft wurde.			

Nr. Prüfungsschritt Frage	durchgeführt	Beanstandung	Bemerkung
Design- und Customizingphase (Design und Customizing)			
Design und Customizing-002 Berechtigungskonzept Prüfen Sie, ob das Berechtigungskonzept dem Prinzip der minimalen Rechte folgt.			
Design und Customizing-002 Berechtigungskonzept Prüfen Sie, ob das Berechtigungskonzept das Prinzip der Funktionstrennung angemessen berücksichtigt.			
Design und Customizing-003 Parametrisierungs- bzw. Customizingkonzept Prüfen Sie, inwieweit unternehmensindividuelle Buchungsregeln und Kontenfindungen umgesetzt wurden. Prüfen Sie in Stichpunkten mithilfe der Transaktion FBKP die Richtigkeit der hinterlegten Sachkonten.			
Design und Customizing-003 Parametrisierungs- bzw. Customizingkonzept Erheben Sie, welche prozessübergreifenden Verarbeitungskontrollen im Zusammenhang mit Verbuchungsabbrüchen und Schnittstellen implementiert wurden. Werten Sie über die Transaktion SA38 im SAP-Report RSPARAM die Profilparameter zur Verbuchungsadministration aus (rdisp/vb*).			

Nr. Prüfungsschritt Frage	durchgeführt	Beanstandung	Bemerkung
Design- und Customizingphase (Design und Customizing)			
Werten Sie die angemessene Größe der Protokolldatei für kritische Aktivitäten „SysLog" über die Transaktion SM21 aus. Idealerweise sollte der Maximalwert eingestellt sein, um die Nachvollziehbarkeit über den Aufbewahrungszeitraum sicherzustellen.			
Design und Customizing-003 Parametrisierungs- bzw. Customizingkonzept Prüfen Sie, ob Änderungen der Parametrisierungs- bzw. Customizingeinstellungen protokolliert werden. Werten Sie über die Transaktion SA38 im SAP-Report RSPARAM den Profilparameter zur Tabellenprotokollierung aus (rec/client). Der Parameter rec/client hat mindestens für den SAP-Mandanten aktiv zu sein, in dem sich der prüfungsrelevante Buchungskreis befindet. Dazu ist der Parameter entweder auf „ALL" oder die jeweilige Mandantennummer einzustellen. Werten Sie über die Tabelle DD09L aus (Filter auf: „TABNAME – Tabellenname"), ob die Protokollierung für aufbewahrungspflichtige Tabellen aktiviert ist. Das Feld „PROTOKOLL – Datenänderungen protokollieren" muss über den Wert „X" aktiviert sein.			

Nr. Prüfungsschritt Frage	durchgeführt	Beanstandung	Bemerkung
Design- und Customizingphase (Design und Customizing)			
Design und Customizing-004 Softwarebescheinigung Prüfen Sie, ob für die eingesetzte Anwendung oder einzelne Module eine Softwarebescheinigung gemäß IDW PS 880 vorliegt. Fordern Sie ggf. die Bescheinigung samt Prüfungsbericht an.			
Design und Customizing-004 Softwarebescheinigung Prüfen Sie auf Basis des Prüfberichts welche Anforderungen der Prüfung zugrunde liegen und ob diese bei sachgerechter Anwendung erfüllt werden.			
Design und Customizing-004 Softwarebescheinigung Prüfen Sie, welche Kriterien laut Prüfbericht seitens des Anwenders umgesetzt werden müssen, um einer sachgerechten Anwendung zu genügen.			
Design und Customizing-004 Softwarebescheinigung Prüfen Sie, ob die im Prüfbericht genannten Kriterien innerhalb des Parametrisierungs- und Customizingkonzeptes berücksichtigt und umgesetzt wurden.			
Testphase (Test)			
Test-001 Testkonzept Lassen Sie sich die Inhalte des Testkonzeptes erläutern.			

Nr. Prüfungsschritt Frage	durchgeführt	Beanstandung	Bemerkung
Testphase (Test)			
Test-001 Testkonzept Lassen Sie sich die Testlandschaft erläutern. Prüfen Sie, ob entweder ein eigenes Migrationssystem oder zumindest ein eigener Migrationsmandant im Entwicklungssystem und im Quellsystem vorhanden ist.			
Test-001 Testkonzept Lassen Sie sich die Planung, Testmethoden und Werkzeuge erläutern und prüfen Sie deren Angemessenheit.			
Test-001 Testkonzept Prüfen Sie, ob ein definierter Prozess zum Fehlermanagement vorliegt.			
Test-001 Testkonzept Prüfen Sie, ob die Testdokumentation nachvollziehbar erfolgt.			
Datenmigrationsphase (Datenmigration)			
Datenmigration-001 Datenanalyse Prüfen Sie, ob die Dokumentation der Migrationsobjekte angemessen ist und die notwendigen Informationen enthalten sind.			
Datenmigration-001 Datenanalyse Lassen Sie sich die geplanten Datenübernahmetechniken erläutern.			

Nr. Prüfungsschritt Frage	durchgeführt	Beanstandung	Bemerkung
Datenmigrationsphase (Datenmigration)			
Datenmigration-001 Datenanalyse Sichten Sie in Stichpunkten die innerhalb der Dokumentation aufgeführten Planungsdokumente bzw. Geschäftsprozesse.			
Datenmigration-002 Datenbereinigung Lassen Sie sich den Prozess und die Verantwortlichkeiten zur Datenbereinigung erläutern.			
Datenmigration-002 Datenbereinigung Prüfen Sie, inwieweit der Grundsatz der Nachvollziehbarkeit durch den Prozess eingehalten wird.			
Datenmigration-002 Datenbereinigung Prüfen Sie, ob die verantwortlichen Fachbereiche angemessen in die Datenmigration eingebunden sind.			
Datenmigration-002 Datenbereinigung Prüfen Sie, ob festgestellte Fehler zeitnah und nachvollziehbar bereinigt werden.			
Datenmigration-002 Datenbereinigung Prüfen Sie, ob der Aufbewahrungspflicht mit einem angemessenen Archivierungskonzept begegnet wird.			

Nr. Prüfungsschritt Frage	durchgeführt	Beanstandung	Bemerkung
Datenmigrationsphase (Datenmigration)			
Datenmigration-003 Mapping Lassen Sie sich die Verantwortlichkeiten und Kompetenzen zum Mapping erläutern.			
Datenmigration-003 Mapping Prüfen Sie, ob Anwendungsbetreuer des Quellsystems und Prozessverantwortliche aus den Fachbereichen angemessen eingebunden werden.			
Datenmigration-003 Mapping Stellen Sie fest, ob für das Mapping der einzelnen Migrationsobjekte angemessene zeitliche Ressourcen eingeplant werden.			
Datenmigration-003 Mapping Stellen Sie fest, ob für das Mapping der einzelnen Migrationsobjekte angemessene zeitliche Ressourcen eingeplant werden.			
Datenmigration-003 Mapping Stellen Sie fest, dass die Migrationsvorlagen entsprechend den Hinweisen zum Ausfüllen der Templates genutzt werden.			
Datenmigration-003 Mapping Prüfen Sie, ob die Validierung der Daten festgelegt und auf vorgefertigte Validierungsregeln und -routinen zurückgegriffen wird.			

Nr. Prüfungsschritt Frage	durchgeführt	Beanstandung	Bemerkung
Datenmigrationsphase (Datenmigration)			
Datenmigration-004 Implementierung Lassen Sie sich die Mapping-Werkzeuge anhand von Mappings einzelner Migrationsobjekte erläutern.			
Datenmigration-004 Implementierung Stellen Sie fest, ob das Mapping auf Basis von Best-Practices erfolgt.			
Datenmigration-004 Implementierung Prüfen Sie, ob einzelne Migrationsobjekte manuell erfasst werden. Stellen Sie fest, ob dabei die Ordnungsmäßigkeitskriterien eingehalten werden.			
Datenmigration-005 Migrationstests Lassen Sie sich die Inhalte des Testkonzeptes zur Datenmigration erläutern.			
Datenmigration-005 Migrationstests Prüfen Sie, ob das Testkonzept die erwarteten Arbeitspakete berücksichtigt.			
Datenmigration-005 Migrationstests Prüfen Sie, ob System-Snapshots vorgesehen sind.			

Nr. Prüfungsschritt Frage	durchgeführt	Beanstandung	Bemerkung
Datenmigrationsphase (Datenmigration)			
Datenmigration-005 Migrationstests Prüfen Sie, ob die gesamte Datenübernahme mindestens zweimal getestet wird.			
Datenmigration-005 Migrationstests Prüfen Sie, ob die Testdokumentation nachvollziehbar erfolgt.			
Datenmigration-006 Datenvalidierung Lassen Sie sich die Validierungs-Werkzeuge anhand einzelner Migrationsobjekte erläutern.			
Datenmigration-006 Datenvalidierung Stellen Sie fest, ob die Validierung auf Basis von Best-Practices erfolgt.			
Datenmigration-006 Datenvalidierung Stellen Sie fest, ob die Validierung vor der Datenübernahme erfolgt.			
Datenmigration-007 Produktives Laden und Support Prüfen Sie die Testergebnisse der gesamten Datenübernahme.			
Datenmigration-007 Produktives Laden und Support Prüfen Sie den Cut-Over-Plan inklusive des endgültigen Migrationsladeplans auf seine angemessene Detailtiefe.			

Nr. Prüfungsschritt Frage	durchgeführt	Beanstandung	Bemerkung
Produktivsetzungsphase (Produktivsetzung)			
Datenmigration-007 Produktives Laden und Support Prüfen Sie, ob Randthemen wie Ausfallzeiten der IT oder die Deaktivierung von Schnittstellen und Backup-Läufen berücksichtigt werden.			
Produktivsetzung-001 Deploy (Bereitstellen) Prüfen Sie, ob eine dokumentierte Einsatzfreigabe durch die Fachbereiche erfolgt.			
Produktivsetzung-001 Deploy (Bereitstellen) Prüfen Sie, ob aus den Einsatzfreigaben die Erfüllung der fachlichen und regulatorischen Anforderungen, die Durchführung von Qualitätssicherungsmaßnahmen sowie die Umsetzung einer angemessenen Verfahrensdokumentation hervorgehen.			
Produktivsetzung-001 Deploy (Bereitstellen) Prüfen Sie auf Basis des Schulungskonzeptes, ob die künftigen Benutzer angemessen geschult werden.			
Produktivsetzung-002 Run (laufendes System) Prüfen Sie, ob die interne und externe Supportstruktur zum Produktivstart etabliert ist.			

Nr. Prüfungsschritt Frage	durchgeführt	Beanstandung	Bemerkung
Produktivsetzungsphase (Produktivsetzung)			
Produktivsetzung-002 Run (laufendes System) Prüfen Sie, ob die Systeme über Monitoring-Tools überwacht werden.			
Produktivsetzung-002 Run (laufendes System) Prüfen Sie, ob ein definierter Prozess zum Problemmanagement vorliegt.			
Produktivsetzung-003 Verfahrensdokumentation Prüfen Sie, ob eine Verfahrensdokumentation vorhanden ist.			
Produktivsetzung-003 Verfahrensdokumentation Prüfen Sie, ob wesentliche Verfahrensbestandteile (z. B. Prozessbeschreibungen, Schnittstellen, Berechtigungskonzept, Datensicherungskonzept) in der Dokumentation nachvollziehbar definiert sind.			
Produktivsetzung-003 Verfahrensdokumentation Prüfen Sie die Wirksamkeit der Verfahren anhand ausgewählter Stichpunkte.			

Abkürzungen und Glossar

ABAP: Advanced Business Application Programming

App: Applikation

Applet: Applets sind kleine, mit der Programmiersprache Java geschriebene Programme

Aufgabe/Assignment: Dieses Modul repräsentiert die klassische Klausur. Der Lehrer stellt eine Aufgabe, die schriftlich zu bearbeiten ist.

CPU: Central Processing Unit
Zentraleinheit eines Rechners

CRM: Customer Relationship Mangement
System zur Unterstützung der gezielten und personalisierten Pflege der Kundenbeziehungen

DMO: Database Migration Option
Teil des Software Update Managers, ermöglicht die Datenbankmigration auf SAP HANA sowie die eigentliche Umstellung von ECC 6.0 auf S/4HANA in einem Schritt

DSAG: Deutschsprachige SAP Anwendergruppe e.V.

ECC: ERP Central Components

ERP: Enterprise Ressource Planning
Systemlösung für Personalwirtschaft, Logistik und Rechnungswesen, die alle Kerngeschäftsprozesse im Unternehmen unterstützt, Ressourcen im Sinne des Unternehmenszwecks rechtzeitig und bedarfsgerecht planen und steuern

GUI: Graphical User Interface
Bedienschnittstelle/Oberfläche

HANA: High Performance Analytic Appliance
Bezeichnung der In-Memory Datenbank der Firma SAP SE

HTML: Hypertext Markup Language

HTTPS: Hypertext Transfer Protocol Secure

IMDB: In-Memory Datenbank
Neue Datenbanktechnologie, die alle Daten im Hauptspeicher vorhält und somit für Big Data und Fast Data optimiert ist

IT: Informationstechnologie

OLAP: Online Analytical Processing
Effizientes Instrument zur analytischen Bearbeitung von multidimensional aufbereiteten, sehr großen Datenmengen, strukturiert Daten auf hierarchische Weise und erlaubt sowohl Einzel- als auch Trendanalysen

OLTP: Online Transactional Processing
Verarbeitung von Datenbeständen, unterstützt die verfahrensgebundene Transaktionsverarbeitung, Online-Transaktionen werden nacheinander in Stapelverarbeitung abgearbeitet, wobei der Client ständig mit dem Server verbunden ist und die Kommunikation aufrechthält, sobald der Server die Transaktion abgeschlossen hat erhält der Client die Ergebnisse

RDBMS: Relationales Datenbankmanagementsystem

SaaS: Software-as-a-Service

SID: System Identifikation

SUM: Software Update Manager
Software-Tool zur Umstellung von ECC 6.0 auf S/4HANA

SQL: Structured Query Language
Abfragesprache für relationale Datenbanken

Literaturverzeichnis

- Bärenfänger, Rieke / Otto, Boris / Österle, Hubert: Business value of in-memory technology – multiple-case study insights, in: Industrial Management & Data Systems, Volume 114, Issue 9 (2014), S. 1396-1414.
- Behrndt, Johannes: SAP Fiori – Vorteile. Voraussetzungen. Einführung, Bielefeld.
- BMF-Schreiben „Grundsätze zur ordnungsmäßigen Führung und Aufbewahrung von Büchern, Aufzeichnungen und Unterlagen in elektronischer Form sowie zum Datenzugriff (GoBD)" vom 28.11.2019 (https://www.bundesfinanzministerium.de/Content/DE/Downloads/BMF_Schreiben/Weitere_Steuerthemen/Abgabenordnung/2019-11-28-GoBD.pdf, zuletzt aufgerufen am 24.04.2020).
- Bugün, Gelecek: Big Data Management with SAP (Slideshow, SAP Forum 2013) (http://de.slideshare.net/sapturkiye/sap-sap-zmleryle-byk-ver-ynetm, zuletzt aufgerufen am 30.03.2020).
- Date, Chris J.: An introduction to database systems, Reading, Mass. 1991.
- Banks-Grasedyck, Denise / Oelfin, Hans / Schwaiger Reinhold / Seemann, Volker: Erfolgreiche SAP-Projekte, Bonn 2016.
- Densborn, Frank / Finkbohner, Frank / Freudenberg, Jochen / Mathäß, Kim / Wagner, Frank: Migration nach SAP S/4HANA, Bonn 2017.
- Densborn, Frank / Finkbohner, Frank / Freudenberg, Jochen / Mathäß, Kim / Wagner, Frank: Migration nach SAP S/4HANA, 2. Auflage, Bonn 2018.
- Lamm, Martin / Mannes, Martin: SAP®-IT-Prüfung im Rahmen der Abschlussprüfung, Düsseldorf 2019.
- Eilers, Christina: SAP S/4HANA: Neue Funktionen, Einsatzszenarien und Auswirkungen auf das Finanzberichtswesen, in: Konzerncontrolling 2020. Zukünftige Herausforderungen der Konzernsteuerung meistern, hrsg. von Ronald Gleich, Kai Grönke, Markus Kirchmann und Jörg Leyk, München 2016, S. 183-200.
- Frank: The System Conversion to SAP S/4HANA, on-premise edition 1511 – Technical procedure and semantic adaption tasks, in: SAP-Blog (https://www.horvath-partners.com/fileadmin/horvath-partners.com/assets/05_Media_Center/PDFs/deutsch/E_Konzern-

controlling_SAP_2016_Eilers_web_g.pdf, Eintrag vom 16.09.2016, zuletzt aufgerufen am 30.03.2020).
- Freudenberg IT präsentiert neue PAC-Studie „SAP S/4HANA im gehobenen Mittelstand", Pressemeldung vom 30.08.2017 (https://www.syntax.com/fit/de/pressemeldungen/freudenberg-it-praesentiert-neue-pac-studie-sap-s4hana-im-gehobenen-mittelstand, zuletzt aufgerufen am 24.04.2020).
- Garcia-Molina, Hector / Salem, Kenneth: Main memory database systems. An overview, in: IEEE Transactions on Knowledge and Data Engineering, Vol. 4, No. 6 (1992), S. 509-516.
- Hansmann, Holger / Neumann, Stefan: Prozessorientierte Einführung von ERP-Systemen, in: Prozessmanagement: Ein Leitfaden zur prozessorientierten Organisationsgestaltung, hrsg. v. Jörg Becker, Martin Kugelmann und Michael Rosemann, 6. Auflage, Berlin 2008.
- IDW Institut der Wirtschaftsprüfer e.V.: Abschlussprüfung bei Einsatz von Informationstechnologie (IDW PS 330) (Stand: 24.09.2002).
- IDW Institut der Wirtschaftsprüfer e.V.: Feststellung und Beurteilung von Fehlerrisiken und Reaktionen des Abschlussprüfers auf die beurteilten Fehlerrisiken (IDW PS 261) (Stand: 14.06.2016).
- IDW Institut der Wirtschaftsprüfer e.V.: Projektbegleitende Prüfung bei Einsatz von Informationstechnologie (IDW PS 850) (Stand: 02.09.2008).
- IDW Institut der Wirtschaftsprüfer e.V.: Grundsätze ordnungsmäßiger Buchführung bei Auslagerung von rechnungslegungsrelevanten Prozessen und Funktionen einschließlich Cloud Computing (IDW RS FAIT 5) (Stand: 04.11.2015).
- Kemper, Alfons / Eickler, André: Datenbanksysteme. Eine Einführung, Berlin/Boston 2015.
- Lacy, Andrew: SAP HANA versus Oracle – welcher Hersteller hat heute bei In-Memory-Systemen die Nase vorn?, in: Informatik Aktuell vom 11.02.2015 (https://www.informatik-aktuell.de/betrieb/datenbanken/sap-hana-oder-oracle-ein-vergleich-der-in-memory-systeme.html, zuletzt aufgerufen am 24.04.2020).
- Laudon, Kenneth C. / Laudon, Jane Price / Schoder, Detlef: Wirtschaftsinformatik. Eine Einführung, München 2010.
- McDermott, Bill: SAP S/4HANA Launch, 2015.
- Migrationsleitfaden des Bundesministeriums des Inneren (BMI), Version 4.0 (2012).

- Mueller, Stephan: Any Attribute as an Index, Blogeintrag vom 15.09.2011 (https://blogs.saphana.com/2011/09/15/any-attribute-as-an-index, zuletzt aufgerufen am 18.10.2018).
- Plattner, Hasso / Zeier, Alexander: In-memory data management: An inflection point for enterprise applications, Heidelberg/New York 2011.
- Plattner, Hasso: Lehrbuch In-Memory Data Management – Grundlagen der In-Memory-Technologie, Wiesbaden 2013.
- Rubarth, Boris: Database Migration Option (DMO) of SUM – Introduction, Blogeintrag vom 29.11.2013 (https://blogs.sap.com/2013/11/29/database-migration-option-dmo-of-sum-introduction/, zuletzt aufgerufen am 30.03.2020).
- Run Simple – SAP: Weltgrößter Anbieter von Unternehmenssoftware (Factsheet SAP Global Corporate Affairs, 20.09.2014) (http://donar.messe.de/exhibitor/metropolitansolutions/2016/W443393/sap-corporate-factsheet-deutsch-ger-459958.pdf, zuletzt aufgerufen am 24.04.2020).
- SAP Help Portal: Typen von SAP Fiori Apps und Datenbankanforderungen (https://help.sap.com/doc/fiori_bs2013/1.0%202015-10/de-DE/04/7e17535290e40be10000000a441470/content.htm?no_cache=true, zuletzt aufgerufen am 30.03.2020).
- SAP SE: Conversion Guide for SAP S/4HANA 1909 (https://help.sap.com/doc/2b87656c4eee4284a5eb8976c0fe88fc/1709%20000/en-US/CONV_OP1709.pdf, zuletzt aufgerufen am 24.04.2020).
- SAP SE: Fiori App Library (https://fioriappslibrary.hana.ondemand.com/sap/fix/externalViewer/#/home, zuletzt aufgerufen am 30.03.2020).
- SAP SE: S4LG1: Innovative Logistics Processes in SAP S/4HANA Enterprise Management – Collection 08 – Participant Handbook 2018.
- SAP SE: What's New in SAP S/4HANA 1709 (https://help.sap.com/doc/b870b6ebcd2e4b5890f16f4b06827064/1709%20000/en-US/WN_OP1709_EN.pdf, zuletzt aufgerufen am 29.11.2018).
- SAP SE: Simplification List for SAP S/4HANA 1909 Initial Shipment Stack (https://help.sap.com/doc/0080a18cdc1045638d31c-87b839011e7/1909.000/en-US/SIMPL_OP1909.pdf).
- SAP Standard Tools: SAP Data Services, SAP Rapid Data Migration Content for On-Premise, SAP S/4HANA Migration Cockpit for Cloud
- SAP Quartalsmitteilung Q3 2018 vom 18.10.2018: SAP-Cloud-Geschäft wächst weiter und übertrifft Erwartungen – SAP hebt Ausblick für 2018 an (https://news.sap.com/germany/2018/10/sap-ver-

oeffentlicht-geschaeftszahlen-fuer-das-dritte-quartal-und-die-ersten-neun-monate-2018, zuletzt aufgerufen am 24.04.2020).
- Schmelzer, Hermann J. / Sesselmann, Wolfgang: Geschäftsprozessmanagement in der Praxis – Kunden zufrieden stellen – Produktivität steigern – Wert erhöhen. Das Standardwerk, München 2013.
- Schreiber, Dominik: Implementierung von SAP S/4HANA, in: VEROVIS Fachbeiträge vom 08.08.2016 (https://www.verovis.de/fachbeitraege/news/implementierung-von-sap-s4hana-30, zuletzt aufgerufen am 30.03.2020).
- Staud, Josef Ludwig: Relationale Datenbanken: Grundlagen, Modellierung, Speicherung, Alternativen, Offenbach 2015.
- Vossen, Gottfried / Haselmann, Till / Hoeren, Thomas: Cloud Computing für Unternehmen – Technische, wirtschaftliche, rechtliche und organisatorische Aspekte, Heidelberg 2012.
- Wang, Ray: Coming to Terms with the Consumerization of IT, in: Harvard Business Review vom 13.07.2011 (https://hbr.org/2011/07/coming-to-terms-with-the-consu, zuletzt aufgerufen am 24.04.2020).
- Waldenmayer, Jörg: Was ist SAP Fiori? Und was versteht man unter SAPUI5?, Blogeintrag vom 24.02.2015 (https://inspiricon.de/sap-fiori-sapui5, zuletzt aufgerufen am 03.05.201830.03.2020).
- Willinger, Michael / Gradl, Johann / Densborn, Frank / Roth, Michael / Finkbohner, Frank: Datenmigration in SAP, Bonn 2015.